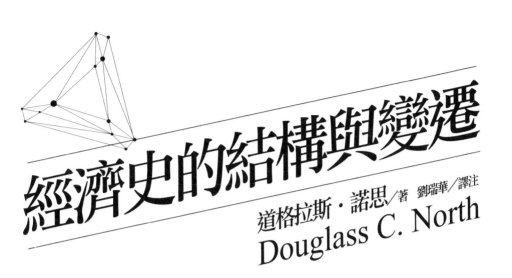

經濟史的結構與變遷

道格拉斯・諾思／著 劉瑞華／譯注

Douglass C. North

Structure
and
Change
in Economic History

諾貝爾經濟學獎得主・當代經濟史學術巨擘

目 次

第三篇　理論與歷史

導讀

劉瑞華

　　在諾思教授的著作中，1981年出版的這本《經濟史的結構與變遷》是學術界公認最重要的一本。從書名就可以看出諾思的企圖心，書的內容不是特定時地的歷史，而是一本關於經濟的「通史」，而且諾思在書的開頭就清楚指出《經濟史的結構與變遷》這本書的兩個任務，一是將經濟結構理論化，二是解釋那些結構的變動與穩定。他認為這兩個任務被一般的經濟史著作忽視，唯有正面處理結構與變遷，才能掌握隨著時間各種經濟所表現出的成就。如此的雄心，不僅讓《經濟史的結構與變遷》中充滿大膽創新的見解，而且在他的學術著作脈絡中，也具有承先啟後的重要地位。

　　諾思的學術研究重心在1970年代顯現很大的轉變，從新經濟史革命早期專注於美國的歷史議題，他再一次率先投入歐洲史的領域。他以《西方世界的興起》（1973）一書在經濟史的主戰場上挑戰主流論點，已經展現新經濟史與制度分析的能力。《經濟史的結構與變遷》則在經濟史研究的領域裡創造新典範，不僅展開他為經濟史創建理論工具的階段，更將地理範圍擴大到西方世界之外，而且時間範圍擴大

到從人類文明初始，直到當代。之後的《制度、制度變遷與經濟成就》（1990）則進一步建構制度分析的理論基礎，以及研究不同制度下長期發展差異的問題。[1]

　　要了解《經濟史的結構與變遷》在諾思學術生涯中的重要性，應該提起他在擔任美國經濟史學會會長卸任時的演講，在這篇以〈超越新經濟史〉[2]的文章中，他不僅要求經濟史學者應該更努力應用既有的經濟理論從事歷史研究，還期許大家積極發展專為研究歷的經濟理論。接著，他又發表了名為〈結構與表現：經濟史的任務〉[3]的文章，清楚表達經濟學研究的是人類在限制條件之下的選擇，而經濟史就是研究那些限制條件是怎麼來的。這個主張不僅標示了新經濟史革命的使命，還回應了經濟史學者一直不忘的初衷。[4]本書的寫作就是諾思實踐目標的傳世之作。

　　《經濟史的結構與變遷》書中雖然清楚表明，這本書距離完整的歷史理論還很遠，但是已經提出一些重要的部分。

1　這樣的成就讓他在1993年與傅戈（Robert Fogel）共同獲得諾貝爾經濟學獎。

2　"Beyond the New Economic History," *Journal of Economic History*, 34（1）: 1-7.

3　"Structure and Performance: The Task of Economic History," *Journal of Economic Literature*, 16（3）: 963-978.

4　美國經濟史學會成立時，第一任會長的演說主題就是〈經濟史的任務〉，期許經濟史可以結合歷史與經濟學，以及其他社會科學。請見 Edwin Gay, "The Task of Economic History," *Journal of Economic History*, 1, supplement,（December 1941）: 9-16。

為了向讀者展現這些理論的功用，他在書中也將理論應用到從人類文明誕生以來至二十世紀的歷史分析。在這麼長久的歷史過程中，諾思不僅針對許多主流經濟史既有的看法提出新見解，還包括許多當時新經濟史研究從未嘗試探討的議題。這樣的創見必然會引起很大的爭議，再加上整本書所用的史料幾乎全是從文獻中引用的二手資料，更是許多保守的經濟史學者難以接受的。[5]即使如此，這本書在出版時就能在經濟史學界得到極高的評價，而且歷經幾十年依然不墜，成為公認的經典。

全書的架構分為三篇，一是理論，二是歷史，第三篇則是以不到十頁的篇幅歸納出制度變遷與經濟史的理論，開創一個學派的發展。理論的部分並不複雜，在第一章，諾思檢討新經濟史所依據的主流經濟學理論，指出新古典理論在研究經濟史的結構與變遷時，所呈現的不足。接著在第二章，他直接陳述為了理解經濟結構及其變動，必須具備的理論要件包括以財產權為核心的制度分析，以及當時文獻中對於建立制度與維持制度所欠缺的經濟行為分析，從此引出諾思在本書中提出的三項理論支柱，分別是政府理論、組織理論與意識型態。

在政府理論的一章裡，諾思提出一個能夠與新古典理論

5　諾思在《西方世界的興起》中曾經特別解釋，他不認為根據二手史料會減損經濟史研究的價值，在本書中他已經不再介意。另外，值得說明，本書許多章節曾經以論文形式在學術期刊發表，顯示本書的內容與研究方法已經被經濟史學界所肯定。

相容的財產權執行行為分析。這個看似相當簡單的模型，不僅能夠把國家組織的興衰與歷史上經濟結構的變化連結起來，也提供政治經濟學應用於歷史研究的廣大範圍。由於政治得失與國家興衰的議題一直是許多歷史研究的重心，諾思的開創帶動後續許多文獻結合政府財政與經濟管制，從財產權的角度檢視歷史上國家興衰的原因。正因為國家政府已經是原本歷史研究的重心，諾思所帶來的貢獻何在，值得特別說明。

　　「制度」為常用的名詞，雖然在經濟學界也早被賦予特殊學術意義，但是一般的理解並不明確。本書出版時，隨著新制度經濟學（New Institutional Economics）崛起，諾思的著作開創出歷史研究的「新制度主義」（New Institutionalism）或「新制度學派」（New Institutional School），為制度界定出新的理論意義，並且使之成為核心的研究主題。然而，在此之前，即使在學術文獻中，制度經常與政府政策混為一談。究其原因，政策與制度都是政府的作為，本來就不容易區分。諾思在本書中更清楚地設定政府行為，而且與新古典經濟理論一致。

　　本書的理論中，政府有其目標，而且是在制度限制之下決定其行為。政府雖然具有改變制度的能力，但是其改變是透過其執行財產權的權力，因此是邊際的，諾思甚至使用了非經濟學家比較難接受的極大化假設。如此處理了政府在制度結構下，既受制度的限制，又有改變制度的行為。這個作法進一步發展出所謂的「諾思悖論」（North Paradox），也就

是國家政府既是維護制度（財產權）的力量，也是破壞的來源。

政府改變制度的能力是有限的，就其行為目的而言，最終的限制是交易成本，也就是財產權對所決定的誘因結構如何影響經濟活動的結果。政府如果為了自身的目的，破壞了財產權，將因為導致經濟活動的效率損失，而讓經濟表現惡化。因此，即使政府可以達成短期目標（例如增加稅收）的成功結果，卻會造成長期失敗的後果，而且長期可能來得很快。交易成本分析，就是本書下一個理論支柱。

現在看本書第四章的理論，應該只能呈現當時的知識狀況，並未包括1990年代之後經濟學界出現大量有關財產權與經濟組織的理論與實證文獻。不過，就諾思在本書中所關注的分析架構而言，已經足以確立組織在制度分析中的理論地位。制度與組織的區別，雖然在諾思的下一本書《制度、制度變遷與經濟成就》有更清楚的說明與闡述，但是在此已經有了基本的了解。正如前一章裡，諾思區分了政府施政與制度，這一章裡組織與制度的區別已經呈現。組織在制度限制之下追求目標，其行為不會完全受到政府施政的決定，除了利益衝突之外，還有交易成本的考慮，而交易成本正是組織何以存在與運作的原因。

組織除了在制度的限制下追求目標，也可以透過擴大組織或聯合其他力量的方式改變制度，這種行動的力量是過去經濟理論所忽略，卻是了解歷史結構變遷的關鍵因素。這又進入了政治經濟學的領域，可是與前一章政府行為的分析截

然不同，而必須深入理解集體行動（collective action）的邏輯。在諾思之前，關於集體行動的經濟學理論已經不少，他的貢獻在於加入組織因素，強調組織能夠協調個人的合作，發揮團體力量，產生改變制度的結果。當制度限制了組織追求目標的能力時，組織可以靠著結合集體行動的力量，改變限制進而達成目標。

　　組織如何改變制度限制？這讓諾思面對一項更大的挑戰，那就是「白搭便車」的問題。改變制度的成本很高，而獲得的結果卻是高度不確定的，因此形成有效的集體行動非常困難，諾思認為如果不面對這個問題，將無法說明歷史上許許多多無法以經濟理性解釋的集體行動，尤其是許多人的犧牲奉獻。這是本書中第三個理論支柱「意識型態」的根據。諾思認為，了解歷史結構變遷的理論架構，必須處理那些明顯不符合成本利益計算的行為，他以「意識型態」涵蓋經濟理性之外的行為動機因素，這是本書在出版後受到最大質疑的部分。

　　嚴格而言，本書的意識型態理論的確相對而言比較粗略，書中內容在諾思的著作中只是開端，之後他繼續以不同方式剖析組織如何能夠超越個人的利害計算，形成更大的力量，甚至在後來的著作中，他也很少再使用「意識型態」這個被學界認為不夠明確的詞彙。其實諾思當然知道，個人理性與集體行動之間的矛盾，是經濟學理論極大的難題，也知道在本書中直接迎戰是很冒險的，他還是慷慨赴義引領革命，實踐他自己的理論。

　　在歷史的部分，本書的論點更是讓人大開眼界。諾思從人類文明誕生之初開始，寫到工業革命之後的資本主義未來展望，跨越上萬年的歷史過程，讓他能發揮對於不同歷史結構的制度分析和結構改變的原因。在此我簡單地分為四部分扼要介紹，包括農業革命、封建主義、工業革命，以及工業化之後的結構。

　　先談在《西方世界的興起》中已經討論過的封建時代。在本書中，諾思更詳細地提出一個理論解釋，修改了原先採取的契約式解釋，而更凸顯封建莊園領主角色。雖然本書仍然強調莊園領主提供財產權的保護，讓莊園裡的生產者能夠安身立命，藉以交換生產的成果，但是指出這種交換關係是在領主具有強制支配力的情況下進行。諾思在原先強調的人口動態之外，考慮了生產技術與軍事保護技術的變化，更完整地解釋封建的興起與衰落。此外，也將封建時代結束的原因分析，繼續用於解釋歐洲民族國家崛起的過程。

　　《西方世界的興起》所沒有涵蓋的歷史，諾思提出兩個經濟革命的理論，乃是本書最令人嘆為觀止的分析。這兩次經濟革命，在諾思的解釋之下，分別挑戰傳統經濟史的農業革命與工業革命。在諾思眼中，農業革命與工業革命都不是技術的革命，而是制度的革命。

　　諾思解釋，農業的誕生並不是在農耕技術發明之後的必然，而是人類創立財產權制度之後才能夠發生的。如果沒有財產權的建立與確保，不可能有足夠的誘因讓人願意從事農耕，更不可能創造出農業文明的持續發展。由於財產權保護

的需要，農業文明必然導致組織的發展，不僅讓經濟活動組織化，也必然產生專門從事保護與執行財產權的軍事與政治組織，以及這些組織的發展。歐洲的羅馬帝國及其他地區文明的大規模組織，在諾思的解釋之下，都是第一次經濟革命的後果。

至於工業革命，諾思提出的解釋更為複雜。首先，他指出一般所稱發生於十八世紀的變化，並不是重大的技術革命，而是延續著十五世紀以來的市場發展後果。諾思雖然並未輕視當時的變化，但是他認為真正的技術創新結構是在十九世紀才展開，之前的改變是為了因應市場範圍擴大所產生的交易成本，在生產因素組合方式上的調整。諸如早期工業的發明、機械化與工廠制，都是為了大量生產實施標準化作業的改變，其背後的力量是大規模市場的帶動。

工業革命一向是經濟史研究的神殿，《西方世界的興起》在十八世紀戛然而止，難免讓讀者有不能一窺堂奧之憾。諾思在這裡開門見山，又讓人大吃一驚。在當時，諾思這樣的見解應該是冒大不韙的，不過後續重要的經濟史研究利用量化資料分析的發現，卻與諾思的想法一致。[6]本書雖然沒有提出具體的實際數據，卻不僅能在後來的實證研究得到支持，

---

6 最著名的文獻是 1985 年的 Nicholas F. R. Crafts, *British Economic Growth during the Industrial Revolution* (Oxford: Clarendon Press)，該書計算了英國十七、十八世紀的經濟成長率，發現工業革命期間的英國經濟並不如一般認為的快速成長，掀起新一波的工業革命研究。該書在 1986、1987、1990、1991 數次再版，是研究西洋經濟史的必讀文獻。

而且提出了以制度為核心理論的分析解釋。諾思對工業革命的制度分析，還能夠與研究英國工業革命與之後狀況的馬克思學派經濟史文獻抗衡，更加顯示其理論的學術價值。

在十九世紀之後。技術創新與組織結合之後，才創造出產品與技術不斷推陳出新的結構，而這個根本的變化，諾思稱之為第二次經濟革命。這本書裡不僅強調其性質上有別於工業革命，又進一步彰顯制度的角色。[7]以往被提到的專利權在此時有了更大的影響，在諾思眼中更重要的因素，則是企業組織、教育研究機構提供誘因，使創新成為主要的經濟活動，構成資本主義新的結構，而這個結構一直延續至今，左右著經濟成長。

重新解釋工業革命，諾思再著眼於後續的制度變動與政府的角色。由於不斷地創新帶來資源利用的衝突，以及對既有規範的挑戰，諾思認為第二次經濟革命必須有適當的制度創新機制，才能化解公私領域裡財產權遭遇的難題，實現經濟利益。政府管制是必然出現的立即反應，然而最終的方法則是創造新制度的能力，因此諾思在本書結束前，展開與博蘭尼（Karl Polanyi）的辯論。[8]諾思指出，資本主義或市場經

7　普遍的歷史常識將十九世紀的變化稱為「第二次工業革命」，已經承認其變化超越了十八世紀。然而，由於這種理解並未認知諾思所謂第二次經濟革命所產生的結構變化，所以一而再地使用工業革命來描述。工業革命這個概念的貧乏與缺乏前瞻性，還可以從二十世紀之後無數多次的技術創新被指為「第三次工業革命」得到證據。

8　博蘭尼的名著 *The Great Transformation* 出版於 1944 年，根據資本主義

濟的未來確實充滿危機，不過其原因是第二次經濟革命，世界經濟面對的是制度創新的考驗，前途未必一片大好，但也沒有理由相信歷史會走向放棄市場的社會主義。

　　本書的內容檢視新古典經濟學對於研究歷史所欠缺的理論成分，經過提出新理論與歷史分析的應用，顯示制度分析對於理解歷史結構與變遷的功用。制度與技術（資源）都是人類為了解決經濟問題進行決策時所面對的限制。諾思在本書最後再次告訴讀者：「我認為經濟史是關於限制條件演變的理論，它不僅應該解釋過去的經濟表現，也應該為現代的社會科學家提供研究構造演變的架構，讓我們能解釋現今政治經濟體系的成就表現。這一任務仍待繼續努力。」

　　我在此盡量重點式地介紹諾思在本書中提出的精彩解釋以及先見之明，有些內容已經超過我自己認為導讀文章該有的範圍。最後還有一點值得提起，本書的參考文獻完全依照原書呈現，讀者可以發現其中許多寫法並不一致，有些其實是不符學術著作的體例。這位在經濟史學界已經享有盛名的學者，當時可能甚至沒有足夠的研究資源，要求助理嚴格處理出版前的瑣碎工作，然而這樣的瑕疵完全沒有減損這本偉大著作的知識價值。

　　本書的翻譯曾在十幾年前出版過，如今的版本是經過大

在經濟大蕭條（The Great Depression）時所呈現的危機，指出資本主義的經濟結構與國家之間的政治關係存在極大的矛盾，斷言市場經濟體制無法長久維持，這是繼馬克思之後對資本主義最強力的挑戰。

幅度的重譯，而且加上了譯者注釋，雖然還有不盡滿意之處，但已至我個人能力之所限。過程中有許多人協助，特別是林瓊華、李翎帆細心審閱，以及宋敬賢與彭寶瑤早期協助文字處理，其他朋友無法在此完整致謝，尚祈見諒。初讀本書是因為我修讀諾思教授課程的機緣，書中內容改變了我對經濟學、經濟史以及知識的看法。這幾個月裡，數度審閱書稿，更覺感激，翻譯此書實不足回報師恩之萬一。諾思教授已於2015年冬天過世，希望藉本書的出版，能使他的學說讓更多中文讀者了解。最後，要感謝聯經出版公司的支持，能讓此書以嶄新面貌再度讓讀者認識。

序言

　　本書目的是為分析經濟史提供一個新的架構。經濟史的核心問題，是既要解釋清楚支撐與決定經濟體系成就的制度結構，又要解釋這種制度結構的變遷。由於經濟史學家們所使用的分析工具不能掌握這個核心問題，因而需要一種新的分析方法。發展一種制度變遷的理論，是社會科學家面臨的主要挑戰。本書提供了這樣一種理論所包含的一些因素，但一定並不完整。

　　自亞當・斯密（Adam Smith）以來，經濟學家們基於貿易利益這一牢固的信念，建構了他們的模型。專業與分工是《國富論》（*The Wealth of Nations*）的關鍵。然而，經濟學家們在建構他們的模型時，忽略了專業與分工所產生的成本，這些交易成本（transaction costs）是決定政治或經濟體制結構的制度基礎。因而本書的理論架構與其他社會科學有所重疊，並且探討作為解釋制度變遷基本因素的政治組織與意識型態。本書所針對的讀者，不僅限於經濟史學家，而是層面更廣泛的讀者，因此盡量少用技術性的經濟學語彙。雖然在第一章我用正規的經濟學術語來提出問題，但在這裡和本書的其他部分，我一直努力使非經濟學者也能理解我的論點。

　　我在第一篇提出的理論指出，大部分的經濟史應該用一個新的模型重新塑造。第二篇如此進行，其中各章涵蓋了從農業的起源到二十世紀這一萬年的西方經濟史。用如此龐大的規模探討經濟史的理由，是因為要推進經濟史的解釋，必須有一個概念基礎。我們對過去的認識，並沒有超越我們所運用的理論，而這種理論存在著嚴重的缺陷。本書的理論及隨後的歷史分析，將提供一個系統化考察和檢定新假說的基礎，根據這些新的假說去尋找新的證據，結果可能會修正甚至推翻原先的假說。

　　為了對知識有所貢獻，理論必須能被否證，亦即對理論或可以根據研究中包含的假說直接進行驗證；或可以根據從論點中推出的邏輯性假說間接進行檢定。由於不可能明確驗證有關經濟史的各種解釋，所以我們可以想見，各種與我們相對立的解釋仍將繼續存在，並被應用於各式各樣互不一致的現行政策處方中。然而，我提出的建議是面對現實，而非絕望。如果我們相信有可能對過去提出唯一的科學解釋，那簡直自欺欺人，但是我們如果沒有朝這個目標努力，則太委屈了經濟史這門學問。不斷堅持尋找可檢證的假說和證據，能夠逐漸減少各種相對立的解釋。雖然我們絕不可能在所有問題上達到共識，但是對於一些問題我們可以取得共識，至於其他一些問題，我們會縮小各種不同解釋之間的差異。

　　本書是對制度變遷研究的繼續工作，承接於我與戴維斯（Lance Davis）合著的《制度變遷與美國經濟成長》（*Institutional Change and American Growth*, 1971）以及與湯瑪

斯（Robert Thomas）合著的《西方世界的興起》（*The Rise of Western World: A New Economic History*, 1973）。我不僅從我早期研究的這兩位合作者那裡，而且從一些經濟學家、經濟史學家及其他學科的社會科學家那裡受益匪淺。這裡，我要特別感謝四位背景不同的讀者，他們對我的全部手稿，從不同角度提出詳細的意見。他們是：班森（George Bentson）、英格曼（Stanley Engerman）、李維（Margaret Levi）和歐森（Mancur Olson）。此外，我對交易成本和經濟組織的理解，主要歸功於我的同事張五常（Steven Cheung）。

華盛頓大學（University of Washington）的其他同事，也對我的部分研究成果提出有價值的意見，他們是：巴澤爾（Yoram Barzel）、法雷爾（Arthur Ferrill）、埃什特（Michael Hechter）、埃內（Paul Heyne）、希格斯（Robert Higgs）、高知（Levis Kochin）、湯瑪斯（Carol Thomas）和伍斯特學院院長（Dean Worcester）。

我曾將本書初稿的各個部分，在一些大學和幾次會議上讓大家評論，而且我還把一些章節寄送給其他大學的學者評論研討。阿布拉莫維茲（Moses Abramowitz）、艾爾欽（Armen Alchian）、巴特李奧（Ray Battalio）、卞因（Richard Bean）、達爾曼（Carl Dahlman）、戈德堡（Victor Goldberg）、休斯（Jonathan Hughes）、普洛特（Charles Plott）、潤令格（Gaston Rimlinger）、塞文（Tom Saving）、舒爾茨（Theodore Schultz）、弗農・史密斯（Vernon Smith）、塔洛克（Gordon Tullock）、魏斯布羅德（Burton

Weisbrod）和威廉生（Oliver Williamson），他們都提出了特別有用的建議。我還要感謝其他許多同行，以及有助於這項研究的學術會議。

　　凱斯（Elisabeth Case）編輯了全部手稿，在此過程中，她促使我理清了幾乎每一頁的思路。

1980年8月於密西根州班佐尼亞市（Benzonia，Michigan）

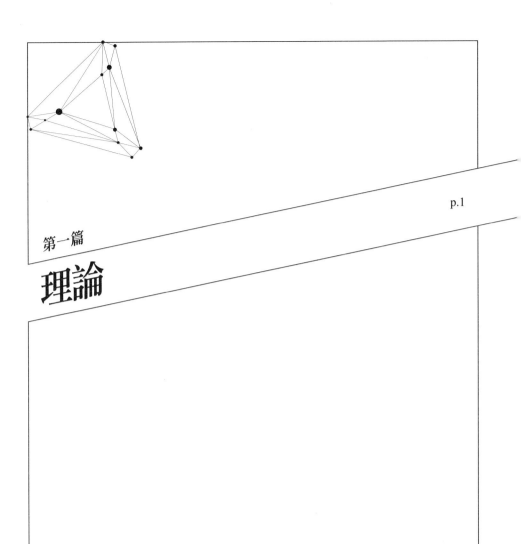

第一篇

理論

第一章

議題

　　我認為研究經濟史的任務，是要解釋歷經時間的經濟結構及其成就。我所關心的「成就」（performance）[1]，是經濟學家們通常注意的問題──諸如生產多少、成本與收益的分配，或者生產的穩定性。解釋成就的主要重點，放在總產出、每人平均產出，以及社會所得的分配。我所說的「結構」，是指那些我們相信是決定成就之基本因素的社會特徵。在此，我把一個社會的政治和經濟制度、技術、人口及意識型態都包含在內。「歷經時間」是指經濟史應從時間上解釋結構與成就的演變。最後，「解釋」意味著明白的理論化，以及被否證（refutability）的可能性。

　　本研究聚焦於兩個關鍵但被經濟史學所忽略的問題上：

1　譯注（以下原注皆用新細明體，譯注則用標楷體）：英文 performance 一詞經常被譯為「表現」或「績效」，然而因為本書所關心的是大範圍、長時間的結果，所以譯為「成就」，以便與組織的表現或群體的績效有所區別。

建立有關經濟結構的理論，以及解釋那些結構的穩定與變遷。我將用一個簡單的新古典模型（neoclassical model），強調總產出和每人平均產出方面的表現。然而，為了解釋所得分配和經濟結構，我們必須超越傳統新古典的界限，將理論延伸。

p.4　　讓我從描述新古典研究方法的主要特徵開始，來分析一個經濟體系的成就，這一方法假定，面對普遍存在的稀少性，人們做出反映他們欲望、需要和偏好的選擇。這些選擇是以所犧牲的機會而論。因此，增加工作一小時（得到額外所得）的機會成本（opportunity cost）是閒暇的犧牲。這種福利或效用極大化的假定，是指個人對所得、閒暇等等的偏好有一個穩定集合，因此選擇之際的決定（即當一個人決定多工作一小時的時候），代表一個人對所得（更多的收入）與所失（閒暇）之間的權衡。[1]這種行為假定，運行於資本主義社會、社會主義社會，以及其他任何經濟體系。

　　由於這種極大化假定（maximizing postulate）斷言個人對物品（和勞務）喜多厭少，更多的物品可以透過提高生產力（以減少目前消費作為生產的代價）來生產，所以社會中的個人願付出一部分努力，以增加資本存量——因為這種存量的規模決定了構成一個經濟體系產出的物品與勞務的流量。資本存量的規模取決於人力資本（勞動）、實物資本

---

[1]　原注：對新古典假設正統的討論，可見於Becker（1976）的導論。Floyd（1969）以新古典方法精彩地探討了經濟成長，令我受益匪淺。

（機器、廠房、農業設施等）及自然資源。這些又進而依賴可用的技術（即人類支配自然的能力）決定勞動（人力資本）技能、實物資本的品質，以及自然資源的內容。技術的變動被視為內生的，並被認為是社會成員投資於發明與創新的結果。然而，「發明能力」（invention potential）取決於知識存量（即對自然環境的認識）。

　　因此，決定產出的資本存量乃是實物資本、人力資本、自然資源和知識的函數。極大化假定斷言，投資會進行於資本存量有最高報酬率的項目；相對於其他存量，具有最高報酬率的存量會增加，以確保各存量報酬率的均等。當放棄消費（即儲蓄）而投資於發明或發掘特殊技術和自然資源所得到的報酬率，高於現存機器與技能的擴張下所產生的報酬率時，新式的實物資本和人力資本就會被發明，新式的自然資源也會被發掘。如果相對於資本存量而言，勞動力的規模增加了，那麼調整人力資本與實物資本形式，以適應資本與勞動比率的變化將是有利的。同樣的，對應於自然資源存量做調整，也可以達到同樣的效果。 p.5

　　在這些條件下，總產出與每人平均產出的成長，將取決於儲蓄率（和投資率）和人口成長率。如果所得中被儲蓄部分，所產生的產出成長剛好等於人口成長，那麼每人平均所得成長將為零。換句話說，儲蓄率高於人口成長率，將產生正的每人平均所得成長率。[2]從經濟史學家的觀點來看，這種

2　新古典經濟成長理論解釋，產出成長主要來自勞動與資本的增加。長期

新古典公式看起來似乎虛掩了一切有趣的問題。它所關心的世界是沒有摩擦的，其中制度並不存在，所有的變化都可以通過完美運作的市場來實現。簡言之，訊息成本（information costs）、不確定性（uncertainty）、交易成本都不存在。但正由於其不存在，新古典公式才得以毫不掩飾地攤開其基本假設。為了提出制度結構與制度變遷理論的有用架構，必須對這些假設進行探討。

首先，這個模型所設定的誘因結構（incentive structure）可以使得個人在各種社會上能完全獲得投資的社會收益，即私人收益與社會收益相等。其次，它假定由於能增加自然資源存量又維持成本不變，所以新知識的獲取與運用沒有報酬遞減的情形。第三，它假定儲蓄的報酬為正。第四，它假定撫養兒童的私人成本與社會成本相等。最後，它假定人們的選擇與期望的結果是一樣的。讓我們依次討論。

要讓第一個假定成立，財產權（property rights）必須被完美地界定，而且沒有執行的成本（即交易成本為零）。這樣的條件從未有過；而且即使至今仍和歷史上一樣，許多資源更近似共同財產（common property）而非排他性的擁有。結果是，達成效率的邊際均衡充分條件從未存在過——無論在羅馬共和，還是在二十世紀的美國或蘇聯。社會所曾

p.6

影響勞動與資本增加的原因，分別是人口成長與提供資金的儲蓄，因此，經濟成長取決於人口成長率與儲蓄率。每人平均所得的成長，則必須在儲蓄率大於人口成長率的情況下。

經達到的最好狀態，是提高私人報酬到盡可能接近社會效益，以提供充分的誘因來實現經濟成長。但成長比停滯或蕭條更罕見的事實表明，「有效率」的財產權在歷史中並不常見。特別是，個人從增進知識和技術所帶來的社會效益中獲利的能力，若非欠缺就是不完善。結果，不僅歷史上大多數時期的技術進步緩慢，而且自然資源存量是報酬遞減的，這成為人類最關鍵的經濟難題。

這個難題把我們帶到模型的第二個假設。直到現代，科學與技術的結合，才讓克服報酬遞減成為現實。雖然在過去的一個世紀中，西方國家並沒有遇到自然資源報酬遞減的情況，在早先它們當然一定遇過。

儲蓄是否有正收益，同樣也取決於財產權結構。通觀歷史，所得之中被儲蓄的比率和資本形成率（實物與人力的）通常是極低的，有時甚至為零或負數。財產權的保障，是儲蓄率與資本形成率的關鍵決定因素。

撫養小孩的私人成本與社會成本的一致，意味著不僅要能控制人口的出生，而且要有適當的誘因結構，使個人的生育決策能立即對應於增加人口的社會成本而調整。歷史上一再出現的馬爾薩斯危機（Malthusian crises）提供了一個充分的證據，說明這一條件並沒有達到。[3]

3　馬爾薩斯的「人口論」主張人口會不斷成長，直到生產的結果無法供應更多人口的消費需求。當外在因素造成生產減少，就會產生人口減少的危機。

現在，我們來看最後一個假設——選擇與結果的一致。新古典理論對經濟史的基本推論所提供有力的見解是，在不確定條件下（由於沒人知道決策的確切結果），個人利潤或

p.7　財富的極大化是不可能存在的，但財富極大化的結果卻出現了。這是因為普遍存在稀少性的情況下，競爭使得優勝劣敗。② 雖然上述見解仍是理解經濟組織的制度形式演變的基本，但是，一個非市場決策的世界，能使無效率的政治結構形式維持相當長的時間。否則，個人、群體和階級對現實有不同的理解，對他們周圍的世界有不同的理論解釋，甚至信服於不同而相互衝突的政策，就不重要了。導致無效率結果的「假」理論，將使信服它的那些群體，相對於其他信服那些產生更有效果結果的理論，更會走向衰敗。但無效率的政治和經濟結構的存在，又是經濟史中相對立的意識型態存在的關鍵問題。社會生物學家（sociobiologist）關於人類社會生存特徵的見解是重要的貢獻，但必須融入對歷史學家來說是重要的，並且存在於相當長時間的明顯事實，那就是人類文化所產生的多樣、矛盾和無效率的結果。[4]

---

② 見Alchian（1950）對這一觀點的經典論述。我在本書從頭至尾使用「有效率」（efficient）和「無效率」（inefficient）兩個詞，是為了比較兩種限制的含義——其中一個是指參與者的極大化行為，將導致產出的增加；另一個是指它不能導致產出的增加。

4　經濟學與新經濟史，基本上將競爭視為淘汰無效率結果的重要力量，因此可以將現實解釋為有效率的結果。然而，諾思一再強調，即使個人極大化的選擇是以提升效率為目標，但是決策者對現實的理解可能有誤，或者不完全，以致不一定會產生淘汰無效率的結果，因此在歷史上可以

攤開新古典模型的假定，指出了我在本書中所走的方向。解釋歷史中的經濟成就，需要人口變遷理論、知識存量成長理論，以及制度理論，這是為了填補上述新古典模型的缺口。針對所需的第一種理論，我簡單地採用現存的人口變遷文獻，而知識存量的變化，將在與制度相關的誘因結構之變遷中予以探討。本研究的首要重點，則放在制度理論上。這一理論的基石是：

（1）財產權理論描述體制中的個人和群體的誘因；

（2）政府理論（theory of the state），因為是政府（state）在界定與執行財產權；[5]

（3）意識型態理論解釋人們對現實認知的不同，如何影響其對「客觀」狀態變化的反應。　p.8

在下面四章中，我將提出有關經濟體系結構的理論要件，但在此之前，我必須描述一下經濟史學家必須回答的另一個基本問題，亦即歷史中變遷的問題（或者它的反面——經濟體系的穩定性）。

讓我回到上面概述的新古典模型。在那個模型中，除了市場之外，並不存在任何組織和制度，發生在這一架構中的

觀察到多樣化的結果，其中包括無效率的情況。

5　本文此處為 A Theory of the State，可以翻譯為「國家理論」，不過，中文裡的「國家」可以對應三個英文字，分別為 nation、country 和 state，這三個名詞對應著國家的三要件：人民、土地與主權。此處 state 應該特指國家的主權或權力的行使，譯為政府表示其為國家主權行使的機構。

變化，是透過非人情的市場（impersonal market）中相對價格的改變來實現。這樣一種架構為解釋自我調節的市場（self-regulating market），以及說明各種參數變動下市場的調整，提供一套有力的分析工具。由於它包含新古典經濟學應用於歷史的有力見解，故值得詳加闡述。

　　為簡明起見，讓我們在一個土地面積固定、沒有對外貿易（或不存在生產因素的移動），以及經歷人口成長的政治經濟單位中，來探索這一變遷。由於短期供給曲線不是完全彈性，將直接導致食物（和原料）價格上升。也就是說，食物供應商將發現，在原來的價格水準上將有更多人購買他的食物，因而他的食物將發生短缺，於是他會提高價格。一名工人由於其工資能購買的食物減少，他的實質所得下降；而地主則因為生產同樣數量的產品帶來更多所得，所以實質所得上升。由於占有土地的潛在獲利能力上升，土地價格跟著上漲。由於投資者在一定量的土地上投入更多資本（更好的排水設施和更多灌溉設施等等）會獲利更多，所以他將提高資本對土地的比例。資本替代土地的確切數量，取決於生產函數（即技術狀況）。透過這一過程，甚至在相當短的時期內，食物的供給曲線會變得更有彈性。然而調整過程還沒結束。工人撫養小孩的成本上升了，為了不使生活水準下降，工人家庭會決定少生小孩。透過發明食物生產的新技術（發展新肥料或新種子，或繁殖更具生產性的動植物），從而改變生產函數，將使獲利能力提高。因而在長期，人口成長率將下降，食物供給將提高（也就是說，長期供給曲線可能有

完全的彈性），工人的實質工資上升，土地價格將退回到最初的均衡點。

　　讀者應該可以很快看出，新古典模型中假定了私人成本和收益，與社會成本和收益一致（即財產權的完整界定，且無需成本即可執行）。整個模型還包括一個部分，調整過程透過邊際變化而實現，乃是相對價格變化提供「信號」的結果，相對價格的變化毫無瑕疵地引導生產因素流向最有利可圖的地方，而且所有的變化引起同步反應，使尋求極大化的個人對成本與收益進行調整改變。

　　現在讓我們重演同樣一齣劇情，但這次是在一個存在制度與正的交易成本的真實世界中。由於農業生產供給曲線無彈性，需求的初始變動的確導致市場價格上升，但調整過程取決於訊息成本。市場「越薄」，訊息傳播技術越原始，調整過程就越長。此外，那些在一定時期內習慣於享有原先生活水準的人（尤其是城市工人），也許要鬧事，抗議食物價格上升，或者呼籲政府限制價格以防上漲。土地的潛在價值將上升，但如果存在慣用的土地合約（或土地轉讓禁令），調整的性質是不確定的。在缺乏土地排他性所有權的情形下，農民也許不能獲得在土地上更加密集地使用資本所增加的收益。農民也許請求國家改變財產權，以使他們能獲得土地所有權的全部利益，但如果先前有人占用土地，那麼那些人將反對這種財產權的變化。當撫養小孩的社會成本上升時，我們也許並沒有察覺到私人成本同樣變大了（因為除了家庭成本外，對社會而言也存在成本，如多一個勞動力就要

壓低工資率，而多一個人就多一份擁擠，也就多一份疾病傳

　染的潛在可能性）。其結果相對於社會最優狀態，也許有一
個延後的反應。投資於新知識和發展新技術的獲利性，需要
在知識和創新方面確立某種程度的財產權。如果缺乏財產
權，新技術就不會出現。

　　這種故事情節，並沒有完整呈現人口成長下的所有可能
結果，然而它卻觸及本書所關注的兩個基本問題：

　　（1）為了有意義地探討一個經濟體系之成就的動態過
程，界定一個經濟的制度結構是必要的。

　　（2）儘管如新古典經濟學所指，某些邊際上的變化會發
生（即私人成本與收益的變化，導致行為自動變化），但其
他變化則未必。特別值得指出的是，一名城市工人參加暴
動，並進而承受這類行動可能帶來對生活和對身體的損害，
並不符合其自身的利益。新古典式的個人會坐視讓別人去做
這些事。對農民來說，去承受要求政府改變財產權的組織成
本是不值得的；要失敗者因而組織起來，為改變而抗爭，那
就更不值得了。在任何情況下，白搭便車（free rider）的兩
難選擇將導致不同的結果。

　　讓我正面迎戰白搭便車問題。歐森（Mancur Olson,
1965）處理存在於新古典世界中的集體行為形式時，延伸了
新古典的典範。他發現，當個人在團體活動中利益大於成本
時，或個人可以被迫投入行動時，小集團會產生；當成員能
得到排他性的個人收益，而外人卻不能獲得時，大的集團
（如美國醫療協會和工會）就會出現。他同時指明，當大集

團被組織起來推動改變，卻沒有給成員們帶來排他性的收益時，它們將趨於不穩定而解體。基本上，當個人仍能通過白搭便車方式得利時，理性人就不會承受參與大集團活動的成本。

歐森的研究，給經濟史學家提出了一個基本問題。隨意的日常觀察便可確信，白搭便車行為無所不在，但日常的觀察同樣表明，在大量事例中，大集團活動確實存在，並且是導致變遷的基本力量，而這些活動難以用新古典理論來解釋。用新古典理論建造模型的經濟史學家們，由於他們的模型無法解釋我們在歷史中觀察到的眾多變遷，而自陷矛盾。 p.11

馬克思主義者強調，階級是結構變遷的推動者，而把全部問題輕輕帶過。然而這種觀點完全未能解釋問題，因為馬克思主義者根本就忽略了白搭便車問題，而訴諸高度的信心，認為人們將會置自己利益不顧，而按階級的利益行事，甚至做出相當大的個人犧牲。要證明這不是標準的行為（behavior），最好的依據就是馬克思主義激進者要投入很大力量，來說服無產階級同仇敵愾。

解釋變遷的困境可以說得簡單明瞭。新古典經濟理論可以解釋，為什麼人們按自我利益行事，也可以解釋人們為什麼不去投票。它可以解釋，為什麼當個人所獲微不足道時，他們不會去參加集體行動；這是白搭便車問題的結果。然而，它不能有效地解釋問題的另一面，即當自我利益的計較並不構成動機因素時的那些行為，我們如何解釋利他行為（如匿名捐血），以及人們自願做出巨大犧牲，而從事並無明

顯利益的活動（歷史上無數個人和集團為了抽象的目標，而被關進監獄或犧牲）？我們怎樣解釋大量去投票的人，或有人付出大量努力參與極少有個人利益的自發組織？

　　新古典理論在解釋穩定性時，存在同樣的缺陷。為什麼人們服從社會規則，即使他們能逃避規則而獲利？個人對成本與收益的計較，應該表示欺詐、逃避義務、偷竊、攻擊和謀殺會到處可見。我們的確看到了這類行為，但同樣的我們也看到即使人們違反規則，不會受懲罰又有很大利益時，他們仍然遵守規則。確實，新古典世界是個危險的叢林，而沒有任何社會能存活其中。

　　一個人在從事非法活動之前，在機會成本之上的加值乃是以他對合法性（legitimacy）所賦予的價值來衡量的（意識型態的考慮）。同樣的，個人在試圖推動社會變動時所承受的淨成本，是由他們感到的不公正和異化（alienation）來衡量的。[6]為了解釋變遷與穩定，必須超越成本／收益的個人計較。當個人深信一個制度是違背正義的時候，為試圖改變這種制度結構，他們有可能忽略這種對個人利益的計較。個

p.12

6　「異化」也被解釋為「疏離」，意指個人無法認同自己在環境中的處境。比較有名的異化理論為馬克思提出的「勞動異化」，根據此一理論，在資本主義生產方式之下，勞動淪為被資本家支配的生產工具，對於自身創造的價值無從決定，因而產生異化的結果，並且成為無產階級之「階級意識」的來源。文中此處異化的意義，可以簡易理解為對自身處境的負面反應，當人們對於社會的結果感到整體的不公正與部分的不合理，構成這些人生活在此一社會中的成本。諾思在此也視「異化」為「意識型態」的來源之一。

人也會因為深信習俗、規則和法律是正當的而服從。歷史的
變遷與穩定，需要一個意識型態理論，並以此來解釋那些異
於新古典理論的個人理性計算的結果。

經濟結構導論

　　人類開始馴化動植物，因而加速了從野蠻向文明的漫長爬升，此後的一萬年裡，出現各式各樣與其他非經濟制度相互作用的經濟組織形式。我們能從這麼一大堆東西中，提煉出決定經濟表現的基本結構的面向嗎？要想確定非經濟制度如何和那些與生產和交換直接相關的經濟組織發生互相影響，是很困難的。進一步說，這些經濟與非經濟制度的建立與毀滅，並非發生在真空之中，而是人們對於從歷史中延伸出的機會和價值所認知的結果。所謂「現實」是相對於人們從歷史中所得知的關於周圍世界的合理化而言，並且由於人們對現存習俗、規則和制度正當與否的看法不同，而被染上各種色彩。

　　我們可以利用現存的資料發展這個經濟結構，把焦點放在長久至今經濟史核心地位的基本緊張關係上——人口與資源之間的緊張。自馬爾薩斯（Thomas Malthus）於1798年寫下他的第一篇人口論以來，學者們就一直在爭辯他關於人口

成長超過資源基底（resource base）的絕望預言。的確，針

p.14 對馬爾薩斯的社會推論反應，導致人口學與經濟學的分裂，
直至近幾十年來，兩者才重新結合。

　　儘管對人口與資源的關係已有大量現代研究，但在論戰
中仍有許多未知或爭議。我們知道除了周期波動和某些時候
的長期衰退，人口確實成長了。如果我們推測在更新世
（Pleistocene）末期，人口總數大約為八百萬乃是可信的話，
在此之前一兩百萬年的人口成長率，也許在每年0.0007%到
0.0015%之間。農業出現後，成長率似乎加速到大約0.036%，
西元1年的人口也許已達到三億。從那時起到1750年，人口
成長率大約保持在0.056%——結果是人口大約在那時達到
八億左右。此後，從1750年到1800年，成長率迅速提高到
0.44%；下一個世紀為0.53%左右；二十世紀上半達到
0.79%；接著從1950年起，成長率達1.7%——造成目前世界
人口超過四十億。[1]

　　當我們試圖探求人口與資源之間的因果關係時，就有爭
論了。人口擴張的型態是否與馬爾薩斯的論點一致呢？包斯
洛普（Ester Boserup, 1965）將馬爾薩斯的論點顛倒過來，他
認為人口的成長刺激技術變動（並因此導致資源的擴張）。
還有另一個觀點來自現代對原始部落的研究，它似乎顯示人
口能夠維持自動平衡（homeostatic）。南非的克拉哈里
（Kalihari）沙漠中的布敘曼人（Bushmen）的情況顯示，他

---

[1]　Coale（1974，頁42），也可參見Cipolla（1962）。

們一天僅用四、五小時來獲取食物供給，倖存的兒童被分置在遠處，以防人口迅速成長——這樣阻止了資源基底下降。②我們可以認定史前部落有同樣的行為嗎？這是我們在第七章所要考察的主題。

經濟史學家同樣也關心對資源變化的回饋。資源基底下降，當然會導致饑荒和減弱疾病抵抗力而提高死亡率。需要多長時間使人口出生率下降，以及什麼社會機制造成那個結果（對照於生理上的自動降低）：是晚婚、避孕技術改進，還是殺嬰？隨著資源基底上升，人口如何反應？近年來的研究指出，現代人口大幅度成長，與其說是醫藥發現與預防免疫降低死亡率的成就，還不如說是營養與環境改善的結果。最後，我們如何解釋快速經濟成長中伴隨的生育率下降呢？ p.15

由於有許多這樣的問題懸而未決，本書的方法必然是臆測性的。看起來，撫養小孩的私人成本，與社會成本之間顯然存在著明顯差距，甚至對撫養小孩的私人成本變化的反應也是落後的。研究生育率的標準新古典方法——新家庭經濟學——確實是一個有用的分析工具，但是它究竟能在多大程度上解釋問題，並且有多少文化上的，亦即意識型態上的因素可用來改進人口學中嚴格的成本／收益計算，仍未有定論。③馬爾薩斯的人口壓力似乎在歷史上確實存在，而且人

---

② 關於證據的討論，見 Dumond（1975）。
③ 對歷史人口統計的精彩概述，見 Tilly 編（1978）。

口壓力常導致技術、社會或其他方面的變化，而減低人口對
資源基底構成的壓力（至少暫時的）。④顯然，歷史上瘟疫
對改變死亡率有重要的影響，而且不同時代的氣候變化，也
影響資源基底（從而影響死亡率）。⑤

　　儘管方法是臆測性的，但本書的論點是直接明瞭的：

　　（1）歷史上存在著兩個重要的人口與資源比例的轉折。
我稱之為第一次和第二次經濟革命。

p.16　　　（2）在兩次革命之間，存在著馬爾薩斯的人口壓力時
期，這種壓力有時靠生理和社會的反應來克服，有時則靠能
夠改變資源基底的經濟制度效率變化來克服。

　　讓我們詳細考察最後一點。資源的數量是相對於技術狀
況而言的，在前一章簡單的新古典模型中，我們可以假定土
地與自然資源，廣義上是資本存量的一部分，透過這個方
法，便可省略土地與自然資源。這在現代也許是一個合理的
假設，但對過去歷史卻是嚴重歪曲，因為僅僅到上個世紀，
藉由第二次經濟革命，才使得當人口成長時自然資源的報酬
遞減不至於構成經常存在的威脅。然而，這個模型表明了資
源基底的擴張依賴技術進步，以及最終取決於知識存量的基

---

④　對馬爾薩斯的人口壓力的論證，參見年鑑學派（Annales School）的大
　　量研究。對該問題更精確的模型，見Ronald Lee "Models of Preindustrial
　　Dynamics with Applications to England"，載於Tilly所編之書（1978）。
　　Boserup（1981）探討了人口壓力與技術變化之間的關係。

⑤　見McNeill（1976）關於歷史上瘟疫的作用，和LeRoi Ladurie（1979，第
　　17、18章）對氣候變化的討論。

本論點。

人類的創造力，使得人在幾百萬年前就和其他動物有所區別，而且即使簡單地對近一萬年技術史做一探討，也會嘆服於人類的創造力。⑥發明與創新似乎是人類的天性。發明活動雖然並非這裡的主題，但什麼因素決定歷史上發明的速度和方向，則是個議題。在分析經濟結構起步的時候，需要提出以下三點：

（1）通觀歷史，發明與創新的私人收益與社會收益之間，似乎總是存在著巨大的差異，問題在於對想法的財產權界定，及其在經濟活動中的運用；規畫技術開發的財產權，比規畫產品或資源投入的財產權要困難得多。衡量智慧財產和創新內涵的困難，以及任何執行這類財產權的困難，是私人收益與社會收益差異的基本原因。

（2）正如羅森伯格（Nathan Rosenberg, 1976）和戴維（Paul David, 1976）強調的，技術發展是相互影響的。達文西（Leonardo da Vinci）偉大筆記本中的創意，如果沒有工 p.17 程學、物理學和化學的相互輔助發展，是不可能實現的。巴斯德（Pasteur）的發現，只有靠光學輔助發展製造出顯微鏡之後才有可能。因而，技術發展是建立在前人知識的累積之上，這些知識決定了發明活動的方向。

（3）除非基本知識存量擴張，不然新技術的發展最終會

------

⑥ 人們只要去仔細閱讀 Hodges（1970）關於古代傑出技術發展的論述，即可打破認為古代世界的人們是多麼落後的觀念。

陷入報酬遞減的境地。基本知識取決於物理學與自然科學原理的發展，決定這些科學原理成長的因素，直到近代仍然相對獨立於技術的開發。然而，在科學與技術結合的第二次經濟革命的現代世界，我們可以把基礎知識的擴張視為對技術進步的延伸需求。

　　知識和技術存量定出人們生活狀況的上限，但它們本身並不能決定在這些限度內，人們如何獲得成功。政治和經濟組織的結構，決定一個經濟的成就，以及知識和技術存量的成長速率。人類發展的合作與競爭形式，以及組織人類活動之規則的執行體制，是經濟史的核心。這些規則不僅陳述了引導和構成經濟活動的誘因系統，而且還決定了社會財富與所得分配的基礎。理解制度結構的兩個主要基石，是政府理論和財產權理論。

　　因為是政府界定財產權結構，所以政府理論是必要的。最終是政府要對造成經濟成長、停滯和衰退的財產權結構的效率負責。因而政府理論必須解釋政治經濟單位造成無效率財產權之與生俱來的傾向，而且要說明歷史中政府的不穩定性。不幸的是，在經濟史解釋長期制度變遷時，這一重要的基石卻付之闕如。

p.18　　解釋人類為降低交易成本和促成交換而組成的經濟組織，財產權理論是必要的。如果假定一個「中立」的政府存在，那麼在既有現行技術、訊息成本和不確定性的限制條件下，從稀少性與競爭世界中形成的財產權形式將是有效率的，意即可以提供最小成本的解決方法。實際上，財產權的

形成乃是兩種力量不斷較勁的結果，一方面是國家統治者的欲望，另一方面則是進行交換的當事人努力降低交易成本的企圖。這種簡單的二分法實際上絕不簡單，因為交換的當事人會花費資源去影響政治決策者來改變規則，但是至少在建立理論的起點上，把政府理論從財產權的交易成本研究法之中獨立出來是十分有用的。

　　政治組織和經濟組織具備一些共同的基本特徵，這是我們研究的核心。兩者都被創造來獲取專業化所造成的貿易利益（包括暴力方面的比較優勢〔comparative advantage in violence〕），[1]而使當事人的福利極大化。它們包括：

　　(1)以法令和規則的形式建立一套行為限制機制。

　　(2)設計一套發現違反和確保遵守法令和規則的程序。

　　(3)闡揚一套能降低執行成本的道德與倫理行為規範。

　　無論是在當事人之間（政治組織中的統治者與人民或市場上的廠商與消費者之間），還是在當事人與代理人之間（在階層式政治與經濟組織中的統治者與官僚、業主與經理、經理與工人之間），規則和管制限定了交換的條件。憲法、法規、財產權之設立、組織細則、工會契約，所有這些都包含著對行為的約束。

　　守法程序（compliance procedure）是指發現違反法令、規則或簽定的契約，以及制定與頒布處罰（或獎勵）措施。

1　在本書的理論架構中，從事暴力活動是一種可以獲得報酬的經濟活動，也有其專門的資源與技術，因此具有可以進行交易的比較優勢。

如果一個人能毫無代價地在交換中衡量產品與勞務的特性及代理人的表現，那麼發現違規的問題將不重要。對商品與勞務的衡量，構成產品和勞務的正式形式，因而沒有某種衡量

p.19　形式，財產權就不可能建立，交換也不會發生。此外，遵守規則的成本，還包括對不履行規則施予處罰的成本。由於衡量是要付出成本的（而制訂完全嚴密的法令成本太高），而且還存在執行成本，因此交換的當事人值得考慮違背合約，盡力獲得利益。如果契約各方可以不履行己方的承諾，又不受處罰而得到交換的好處，那麼他們理所當然會如此做。逃稅、欺詐、逃避義務、投機和代理（agency）問題（以及用於監督與評量的資源），是在守法程序的過程需要成本的情形下出現的基本問題。因此，無論是以規則的形式對行為進行約束，還是發現違反和確保遵守規則的程序，都要設計成使當事人的收益在交易成本限制下達到極大。

　　有大量的文獻研究在技術限制下求極大化的組織。[7]但這種限制一定要和從守法成本中產生的交易限制相結合，才能產生政治與經濟制度理論。在接下來兩章中，我將提出政府和經濟組織在限制條件下極大化模型的因素。

　　然而，這個論點顯然是不完整的。遵守規則的成本是如此之高，以致在對個人的極大化行為缺乏某種約束的情況下，任何規則的執行，都將使政治或經濟制度無法運作。因而，須花費大量投資去使人們相信這些制度的合法性。政治

---

⑦　見有關生產函數的文獻，或Chandler（1977）關於歷史的描述。

和經濟制度結構（與變遷）的理論，一定要與意識型態理論相結合，這乃是第五章的主題。

新古典政府理論 *1

I

　　政府的存在是經濟成長的關鍵，然而政府又是人為經濟衰退的根源。這一矛盾使政府成為經濟史研究的核心，在任何關於長期變遷的分析中，都應該把政府模型放在顯著的地位。但長期以來的歷史研究，只仰賴歷史學家和政治學家提出的理論殘骸，而經濟學家傳統上很少關注這一問題。

　　然而，新古典經濟理論的現代進展，已被證明是有利的分析工具，近來也被應用於各種政治問題。①新古典理論一

---

*　本文的前身曾刊於 *Exploration of Economic History*（July，1979），題目是 "A Framework for Analyzing the State in Economic History"。

1　原文為 A Neoclassical Theory of the State，依據前章譯注的理由，此處以下也將 state 翻譯為「政府」。

①　見 Baumol（1962）、Buchanan and Tullock（1962）、Downs（1957）、Niskanen（1971）和 Breton（1974）。

般認為是一種選擇理論，它對政府的研究至少已提供一個推
理完整又邏輯一致的研究方法，這一理論可望發展出關於非
市場決策各種可否證的命題。此外，對經濟組織的研究，已
顯示其與政治組織關係密切。令人滿意的廠商理論，將對政
府理論的建立有重大貢獻。[2]

　　當然，我們一定要留意新古典理論的侷限。將經濟學應
用於政治分析的公共選擇理論（public choice theory），至多
僅在解釋政治決策上贏得些許成功。利益團體政治學並不能
有效解釋投票行為，而意識型態的考慮，似乎可說明許多政
治與司法決策。[3]進一步說，我們必須問的問題乃是不同層
次的，並不同於日常的政治決策過程。對於經濟史學家來
說，關鍵的問題是，解釋何種的財產權會由政府界定和執
行，以及解釋執行的效果。最具意義的挑戰是，解釋財產權
的結構及執行如何隨時間而改變。

II

　　一開頭就要面對的問題，在於如何確切地定義政府。舉
例來說，中世紀的莊園（manor）是屬於從自願組織到政府
之間的中間形式嗎？就本研究的目的，政府可視為在暴力方
面具有比較優勢的組織，其涵蓋的地理範圍，是以其對國民

---

② 見 Coase（1937），與 Alchian and Demsetz（1972）。

③ 見 North（1978）。

徵稅權力為界。財產權的本質是一種排他性的權利,在暴力
方面具有比較優勢的組織,正好處於界定和執行財產權的地
位。與政治學、社會學和人類學文獻中經常提出的理論相
比,在這裡,理解政府的關鍵,在於使用暴力以控制資源的
可能性。離開財產權,我們無法對政府展開有效的分析。[4]

　　關於政府的存在有兩種解釋:契約理論(contract theory)
與掠奪或剝削理論(predatory or exploitation theory)。政府
的契約理論有悠久的歷史。近年來,這種理論在新古典經濟 p.22
學家手中再復興,因為它是交換定理在邏輯上的延伸,政府
在其中扮演使社會福利極大化的角色。由於契約限定著每個
人相對他人的活動,這對經濟成長來說是十分重要的,因此
契約理論研究方法能夠解釋促進經濟成長之有效率的財產權
的發展。[5]

　　政府掠奪論或剝削論為一些極不相同的社會科學家所接
受,他們包括馬克思主義者(至少在他們對資本主義國家的
分析中)和某些新古典經濟學家。這一觀點認為政府是某一
集團或階級的代理者,它的作用是代表該集團或階級的利益
向其他民眾榨取所得。掠奪性的政府會界定一套財產權,使
權力集團的收入極大化,而無視它對社會整體財富的影響。

　　契約分析法可以解釋,為什麼政府可能會為經濟的資源

---

[4] Carniero(1970)未能把政府與財產權的建立連結起來,但除此之外,
　　則對政府的起源提供有趣的分析。

[5] 最詳細的分析,見Umbeck(即將出版)。

使用提供一個架構，從而促進財富的增加。然而，國家既是每一個契約的第三者，又是強制力的最終來源，它成為爭取控制決策權力的戰場。各方都希望能按有利於自己集團的方式，進行財富和所得的重分配。儘管契約論解釋了最初簽訂契約的利益，但未說明不同利益成員隨後的極大化行為，而掠奪論忽略了契約最初簽訂的利益，而著眼於掌握國家控制權的人從國民身上榨取租金。不過，兩種理論並非全不一致，正是「暴力潛能」（violence potential）的分配可以使兩者合併起來。契約論假定民眾間暴力潛能的分配平等，而掠奪論則假定分配不平等。[2]

雖然導致經濟持續成長的財產權很少在歷史中長居顯要地位，但即使隨意觀察一下人類經驗也能看出，曾有一些政治經濟單位達成長期持續的經濟成長。我所說的持續經濟成長，是指產出的成長快於人口的成長。這種現象並不限於自工業革命以來的兩百年。在西元前八千年的農業發展時期，至西元一世紀和二世紀羅馬帝國的和平時期（Pax Romana）之間，曾有過大量的財富累積。的確，那時的整個文明都衰落與消亡了，但在美索不達米亞、埃及、希臘和羅得島（Rhodes），當然還有羅馬共和國與羅馬帝國，都曾經歷長期經濟成長的文明。持續的經濟成長並非什麼新鮮事，即使經

p.23

2　暴力潛能的分配是政治競爭的關鍵條件，分配平等可以防止壟斷政權，分配不平等才可能產生具有掠奪能力的政權。不過，在暴力潛能分配不平等時，也可能在少數有力量抗衡集團間發生競爭。

濟史學家杜撰出它是工業革命之產物這種神話。而且也沒有
什麼東西比政治經濟單位的最終經濟衰落更無法避免。[3]

　　在這一章中，我將提出一個簡單的政府模型，用以解釋
經濟史的兩個基本層面：即政府普遍產生無效率的財產權，
與不能實現持續經濟成長的趨勢；以及政府導致經濟變遷，
並最終致使經濟衰退的內在不穩定性。一開始該模型考慮的
是單一統治者的政府。然而，我還將探討導致統治者控制減
弱，與出現多元政治的統治者與民眾間的衝突，關於合法性
與異化的研究將放到第五章。[6]

　　這個以財富或效用極大化的統治者為中心的政府模型，
具有三個基本特性，其一是界定統治者與國民的交換過程，
其他兩個是界定出交換條件的決定環境：

　　第一，政府提供一組服務——我們稱之為保護與正義
（justice）——以交換國庫收入。由於提供這些服務存在著規
模經濟（economies of scale），因而由一個組織專門從事這
些服務所獲致的社會總所得，高於社會中每位個人自己保護
自己擁有的財產權的情況。

　　第二，政府試圖採取一個歧視性壟斷者（discriminating
monopolist）的行動，它區分出各個民眾集團，並為每一個

3　長期以來，經濟史學家過度強調工業革命是經濟成長的來源，因此忽略
　　了工業革命之前發生的經濟成長與變遷。諾思在此指出，即使歷史上的
　　許多文明最終以敗亡結束，並不能否定曾經有過的經濟成長，而且這些
　　成長的原因也是應該被研究的主題。

⑥　在本章中，我還省略了政府政策對生育和死亡的影響。

集團處理財產權，使政府收入極大化。

　　第三，由於總是存在著能提供同樣服務的潛在競爭對手，所以政府受制於其人民的機會成本。它的對手是其他國家，以及現存政治經濟單位中可能取代成為統治者的個體。因而，統治者壟斷力的程度，是各個不同民眾集團所面對之替代者接近程度的函數。

　　為了更深入地探討這三個假說，我們不僅要給這一模型的基本骨架填上血肉，而且還要演繹出一些對經濟史學家們有用的推論。

III

　　政府提供的基本服務，是根本的遊戲規則（rules of the game）。無論是演變為不成文的習慣（如在封建莊園中），還是形諸文字的憲法，都有兩個目標：一是界定出形成財產權結構的競爭與合作的基本規則（即在因素和產品市場上界定所有權結構），以便使統治者的租金極大化。二是在第一個目標架構中降低交易成本，以使社會的產出最大，從而使政府的稅收增加。這第二個目標將導致一系列公共（或半公共）財貨或服務的供給，以致降低界定、協議和執行契約的成本，而契約正是經濟交換的基礎。從事建立法律、正義和防衛制度的規模經濟，是文明的基本泉源；在第一次經濟革命後的一千年中，政府的誕生是此後所有經濟發展的必要條件，雖然從定居性農業出現以來的一萬年中，回顧歷史中皆

是戰爭、屠殺、剝削（無論如何去定義）、奴役，以及大量謀殺的紀錄，而這些絕大多數是由政府的統治者或其代理人所造成的，但仍然需要強調政府對經濟進步的必要性。在整個歷史上，當人們需要在政府——無論多麼具有剝削性——與無政府（anarchy）之間做出選擇時，人們均選擇了前者。幾乎任何一套規則都要比沒有規則好，而且把規則弄得令人厭惡，以致壓抑了創造並不符合統治者的利益。

上述目標有三項重要的推論：

（1）綜合而論，上述兩個目標並不完全一致。第二個目的包含一套能使社會產出極大化而完全有效率的財產權，而第一個目標是企圖確立一套基本規則，以使統治者自己收入 p.25 達到極大化（或者，如果我們願意放寬單一統治者的假設，那麼就是使統治者所代表的集團或階級的壟斷租金極大化）。從古埃及王朝的重分配社會，到希臘與羅馬社會的奴隸制，再到中世紀的莊園，在使統治者（和他的集團）的租金極大化的所有權結構，與降低交易成本以促進經濟成長的有效率體制之間，存在著持久的衝突。這種基本矛盾，是使社會不能實現持續經濟成長的根源，對此我將在本章後文中更詳細地探討。

（2）在創立出旨在界定和執行財產權的基礎結構之際，統治者勢必要交付代理人（agent）權力。由於代理人的效用函數與統治者並不一致，因此統治者要設立一套規則，以促使他的代理人的行動與他自己的目標維持一致。[7]然而，代理人某種程度上並不完全受規則的約束，因而會有統治者

權力擴散的情形，這也會降低統治者的壟斷租金。我們可以透過探討一個經濟體系中若干部門的交易成本，來預測其官僚結構。

（3）統治者提供的服務，有著不同形狀的供給曲線。某些服務是純粹的公共財（pure public goods），而另外一些則具有典型的U型成本曲線，表示超過某一產出量之後的平均成本會上升。[4]保護的成本曲線是相對於政府的軍事技術而言的，當保護的邊際成本等於增加的稅收時，所界定的政治經濟單位的規模是「有效率」的。從希臘城邦到羅馬帝國，再從封建時代小而分散的政治組織到民族國家，軍事技術及其變化是決定供給曲線形狀的主要角色。[8]

p.26　　　有兩種不完整的理論，曾被用以解釋國家的不同規模，而能與上述的邊際條件相符合。維特福格（Karl Wittfogel）的水力社會（hydraulic society, 1957），其實就是自然壟斷，從整合的水力系統之不可分性產生了經濟規模。佛利曼（David Friedman）關於國家規模與形式的理論（1977），探討了收入的類型與國家的規模及形式之間的關係。他認為，

---

[7]　有關代理理論（Agency theory）的進一步討論，見Jensen and Meckling（1975）。

[4]　純粹公共財是指可以讓民眾共享，而且也無法排除人們共享，不論多少人共享，供給的成本不會增加。不過，統治者提供的不僅限於純粹公共財。

[8]　經濟史中最被忽略的一部分，是對軍事技術與國家規模之間關係的研究，儘管有關軍事技術本身有大量文獻，但很少從政治結構角度去探討，Bean（1973）則是個例外。

如果貿易是主要的政治收入來源，那麼結果就會是大國；若
地租是主要政治收入來源，則會是小國；若勞動是主要政治
收入來源，則形成邊界封閉或文化同質的國家。

IV

　　一個經濟體系包含著不同集團的活動，這些活動具有不
同的生產函數，反映出一個政治經濟單位的技術、資源基底
和人口。統治者將界定一套財產權，透過監督與評量每個環
節的投入與產出，來確保它從經濟體系各個不同部門得到的
壟斷租金極大化。投入與產出範圍的衡量成本，將決定在不
同經濟部門裡多樣的財產權結構，因而這種財產權結構會依
賴於衡量技術的狀況。衡量資源內容的成本高於效益之際，
就會存在共同財產權。度量衡標準化的出現，幾乎同政府的
歷史一樣悠久，而且通常是由政府組織所推行的。標準化發
揮著降低交易成本，並且讓統治者得以榨取最大量租金的功
能。物品與勞務的多樣內容，使衡量成本增加越多，消耗的
租金也越大。[9]

　　歷史上統治者採用的組織形式，包括組織鬆散的聯邦結
構，其中的地方政府擁有自己的官僚機構；有統治者直接掌

---

[9]　見Barzel（1974）與Cheung（1974）。譯注：租金是指生產活動所創造
　　出來的可分配利益，租金的消耗是交易成本所導致，沒有任何一方獲
　　得。

控的中央集權式官僚；有執行官制（bailiff system）以及包
稅制（tax farming）。[5]雖然統治者盡力去監督，但無論在哪一
個組織機構裡，其代理人都不完全受約束，而他們的利益並
不完全與統治者一致，其結果是，統治者通常或多或少要為
其代理人消耗一些壟斷租金，在某些情形下，代理人與國民
會勾結起來瓜分一些壟斷租金。

p.27

V

統治者總是有競爭對手：與之競爭的其他國家或本國內
部，可能成為統治者的潛在對手。後者相當於一個壟斷者的
潛在競爭對手。[⑩]如果不存在勢均力敵的替代者，則現存的
統治者就好似一個專制者、獨裁者或集權君主。替代者越是
勢均力敵，統治者所擁有的自由度就越低，國民所保留的所
得增額的部分也越大。不同的民眾有不同的機會成本。這種
機會成本，決定各個團體在界定財產權和承擔稅負方面所具
有的談判力量（bargaining power）。只要這些服務並不是純
粹公共財，機會成本同時也決定統治者提供之服務的配置，
因為比起那些沒有機會的人們，統治者會給那些有其他好機
會的人們更多的服務。

5　執行官負責為統治者收稅，而且可以懲罰欠稅的民眾，其成效影響統治
　　者的收入；包稅制則是統治者將收稅的權利移轉給包稅人，以換取固定
　　的收入。

⑩　關於壟斷的分析，見Demsetz（1968）。

　　民眾也許會為了某種代價，投向某個競爭的統治者（即
另一個現存的政治經濟單位），或支持在現存國家中統治者
的競爭者。⑪前一種機會依賴於競爭的政治單位的結構，地
理上較貼近的當然就具有優勢。統治者爭取選民的努力，將
取決於保護的供給曲線，和藉由增加民眾所帶來的邊際效
益。

　　後一種選擇機會，取決於進行競爭之國民的相對暴力潛
能，統治者自己的代理人也許會組織反對勢力，並經由提出
更好的方式分配現有租金，獲得國民的支持。然而，其他能
控制足夠的資源來取得軍事力量的人（或在封建社會中擁有
現成的軍事力量的貴族），也是潛在的對手。

VI

p.28

　　剛才描述的簡單靜態模型，提出了統治者面臨的兩種限
制：競爭限制與交易成本。兩者通常造成無效率的財產權。
在第一個限制下，統治者將避免得罪有勢力的國民。如果有
能力接近其他統治者的集團，其財富或所得受到財產權的不
利影響，那麼統治者就會受到威脅，因而，統治者會同意一
個有利於那些集團的財產權結構，而無視它對效率的影響。

　　有效率的財產權，也許導致國家有較高的所得，但與那

---

⑪　這兩種選擇大致和Albert Hirschman的「退出」（Exit）和「發聲」
　　（Voice）可以相比較。見Hirschman（1970）。

些較無效率的財產權相比，會因為交易成本（監督、評量和課徵賦稅）而使統治者的稅收較低。因而統治者往往發現為了利益，他應該准許壟斷，而非建立導致更激烈競爭條件的財產權。

　　我們把兩種限制結合起來，解釋無效率財產權的擴展。實際上，使統治者（或統治階級）租金極大化的財產權結構，與產生經濟成長的財產權結構是相衝突的。[12]這個論點的一個變體，是馬克思主義關於生產方式矛盾的看法，在那裡，所有權結構不適於實現演變中的技術變動所帶來的潛在利益。當政府的行事按照前文述及的契約理論所界定的（在給定個人對儲蓄和所想要的孩子數目的偏好假設的情況合理下），經濟成長就得以確保。然而，因為前述模型中的限制，純粹的契約情況，也就是統治者界定的所有權結構，與新古典成長模型所意含的效率標準相一致（例如在《共產主義宣言》中所描述的資本主義），只有在非常少見的環境之p.29　下才出現。實際上，能提供誘因促成有效率的資源配置的所有權結構（即一套使創新和人力資本投資等方面的私人報酬率接近其社會報酬率的財產權），是很重要的。但我們應該立即注意到，其結果必定是不穩定的，因為技術變動、更有效率市場的拓展等等，都會改變相對價格與國民的機會成

---

[12]　在零交易成本條件下，統治者總是能先設計一套有效率的規則，然後再去為他們的租金進行談判。但這一福利經濟學的看法忽略了交易成本，而這正是一切的重點。即使對歷史和當前世界最不經意的考察，也可清楚地看到「無效率」的財產權是常態而不是偶然。

本，最終將導致與財產權的基本所有權結構的衝突。

　　簡而言之，對政府而言，成長過程內孕育了不穩定的影響。下節我將探討政府對這種變化的調整過程。

　　然而，當一個政治經濟單位，生存在由許多互相競爭的政治經濟單位所組成的世界裡時，如果成長是不穩定的，那麼不成長也是如此。在與更有效率的鄰邦相處之下，相對無效率的財產權將威脅到一個政府的生存，統治者面臨的選擇是自取滅亡，或者修改基本的所有權結構，以使社會降低交易成本和提高成長率。然而，我們要再次謹慎地注意到，調整的能力是基於我們假設單一的統治者，而且沒有因多種決策來源而產生的複雜問題。⑬

　　只要本國人民的機會成本或競爭國的相對力量沒有變化，那麼停滯的國家就可以倖存。這最後一種狀況通常意味著政府近似於一種壟斷者地位，而且周圍只有一群弱國（並且占有這些國家，對統治者來說並無淨利益）。

VII

　　前節所說的國家的內在不穩定，應該是十分明顯的。訊息成本、技術和人口（或一般的因素相對價格）的變化，都有明顯造成不穩定性的影響。還有一個重要的因素，是統治

---

⑬　葛盛孔（Gerschenkron）的相對落後假說（relative backwardness hypothesis），只有在這種情形下才有意義。

者終究會死。

　　增加民眾集團談判力量的相對價格變化，可以導致規則
p.30 的改變，以帶給這一集團更多所得，或者國民可以迫使統治
者放棄一些制定規則的權力，有時，代議制政府的興起，是
在統治者正面臨外部威脅的時候，希臘城邦從君主專制到寡
頭政治（oligarchy），再到民主政治（在雅典時期）的轉
變，是軍事技術變化（士兵方陣的發展）的結果，這種變化
只有靠市民軍隊的發展才能完成；統治者付出的代價，是放
鬆他制定規則的權力。同樣的，在近代歐洲，軍事技術（長
槍、大弓和火藥）的改進，在某些時候導致規則決策的權力
交付給英國的國會或法國的三級會議（Estates General），而
這可以換取生存所需的收入增加。

　　軍事技術的變化，是古代和中世紀多元化政府和代議制
政府發展的主要根源（雖然絕對不是唯一的），而現代政府
控制的變動，則與源自於第二次經濟革命的相對價格劇烈變
化息息相關。在十九世紀以前的西方世界，農業生產居於絕
對重要的地位。這就導致國家控制的鬥爭，取決於土地財富
和土地所得（包括來自農業與資源產品的貿易與運輸的所
得）的分配。有了第二次經濟革命，隨著地租（和地主）的
相對重要性下降，製造業與服務業的重要性上升，勞動所得
所占比例提高，特別是人力資本重要性的提高，已轉變生產
結構並產生新的利益集團。進一步說，它們成為上個世紀裡
為控制國家而鬥爭的基礎。⑭

VIII

p.31

　　不穩定是一回事，變化與調整的發生過程又是另一回事。此處把經濟學原理的應用，和其他社會科學及馬克思主義原理的應用區分開來，是很重要的。前者的原理乃針對市場的調整過程。在這個過程中，邊際的變化導致立即的調整。搞政治就像在搞經濟一樣，只有私人報酬超過私人成本時，調整才會發生；若非如此，白搭便車問題便會妨礙調整。這種狀況嚴重束縛了人民調整的意願，雖然它有助於解釋無效率財產權的長久存在，但它顯然不能解釋當私人報酬微小或為負數時，改變財產權結構的行動。

　　另一方面，其他社會科學和馬克思主義理論，可以解釋大型團體改變財產權的行動，但沒有為克服白搭便車問題的方法提供任何令人信服的理論基礎。

　　這種理論缺陷，對任何長期變遷解釋都是重要的問題，

---

⑭　多元主義（pluralism）的興起對財產權和資源配置的影響，將在別處另行探討。在此我想簡單強調的是，無論人民與統治者關於財產權的談判，還是掌控一些制定規則的權力，其結果或許在財產權的有效率或無效率方面是相同的，而我在上面第 VI 節中提出的論點依然成立。用以下的說明，可以加強我的論點。在當前世界，蘇聯和美國在政府統治上存在著巨大差異，前者當然與我的單一統治者的政府模型相近，後者當然是一個多元化的政府。在前者，關於財產權的談判是在管理結構的內部進行，而後者無處不存在著利益團體為控制政府的鬥爭。但我知道，沒有任何先驗理由可以僅僅根據這種差別本身，來預測一個國家或另一個國家財產權的相對效率。

簡單的經驗觀察已提供大量證據指出，大型團體有時會為改變政府的結構而行事，但是如果我們沒有某種模型，便不能預知白搭便車問題何時會妨礙行動，或何時不會。為了建構一個有關政府變遷的動態理論，意識型態的研究及發展某些處理白搭便車問題的實證模型，乃是必要的準備。

我們也應該注意到緊貼在新古典研究方法上的一些隱含推論，那就是在新古典研究路徑中，白搭便車問題會妨礙大型團體活動，這些含意指出了這種新古典模型的解釋力，同時又勾畫了它的侷限。作為討論的結語，我希望扼要闡述一些：

第一，白搭便車解釋了歷史上國家的穩定性。反抗政府強制力的個人成本，往往導致對政府統治的冷漠與順從，不論其壓制力如何。與當前許多民主制中出現的低投票率的情形相同的是，歷史上個人集結成的階級行動，和大型團體推翻社會的作法，寥寥無幾。這一簡單觀察的重要性，在許多討論政府的文獻中似乎尚未受到重視，但在馬克思主義者關於階級意識、階級團結和意識型態的大量文獻中，被廣泛引證（雖然是反面的）。列寧及其後的馬克思主義者已充分意識到，白搭便車問題所帶給馬克思主義理論及其革命實踐非常現實的問題。[6]

第二，制度創新來自統治者而不是人民，因為後者總是

6　此處是指列寧為實踐革命，發展出「列寧式政黨」，作為克服白搭便車問題的方法。

面臨白搭便車的問題。在統治者這一面，既然沒有白搭便車的問題，他會不斷更新制度變動，以適應相對價格的變化。因此，當土地與勞動相對稀少性發生變化，使勞動更為稀少時，統治者就會變動制度，以插手勞動所增加的租金。只要勞動的機會成本不變（即其他統治者的潛在競爭不變），這些創新就會實行。

第三，革命將是由統治者的代理人，或由從事競爭的統治者，或列寧主義式的少數精英集團所發動的宮廷式革命。

第四，在統治者是一個集團或階級代理人的地方，會有某些繼承的規則，以降低在統治者死後發生動盪或革命的機會。如上所述。動盪或革命最可能發自於統治者的代理人。

上述四點，大大有助於解釋歷史上政府結構的穩定性及變動的來源。然而，將分析限定於我們能認定行動者淨私人利益（就狹窄的經濟意義來說）的情況，這會給政府結構變遷的研究帶來致命的缺陷。必須建立一個意識型態理論，來解決白搭便車的困境。

歷史中經濟組織的分析架構

I

縱觀歷史，經濟活動透過多種不同的組織形式而發生。從埃及王朝的所謂重分配社會，到羅馬共和時期的宗主庇護關係（Patron-Client relationship），再到封建莊園，這些組織形式一直是歷史研究的主題。但是，其中大多數研究缺乏分析內容。[1]同樣的批評也適用於經濟學家們對於現代經濟組織所做的研究工作。事實上，在1968年出版的《社會科學國際百科全書》（*International Encyclopedia of the Social Science*）中就沒有關於市場的論文，而市場卻是現代西方經濟最根本的制度，並且也是理解以往經濟成就的核心。

為了分析經濟組織，我們必須用交易成本理論來結合政

---

[1]　博蘭尼（Karl Polanyi）的研究是個例外。對於他的貢獻所做的評論可見於North（1977）。

府理論。交易成本理論是有必要的，因為在其他條件不變之下，無所不在的稀少性與競爭，會使得較有效率的經濟組織形式替代較無效率的形式。然而，政府——就像我已在前章中說過的——僅在於與那些統治國家者的福利極大化目標相符的範圍內，才會獎勵與界定有效率的財產權，因此需要結合兩種理論。在此，我將先發展交易成本的研究方法來探討經濟組織，然後我會將它與前章所做的政府分析結合起來。

　　我從我們在第二章中留下的問題開始。任何經濟組織形式必須制定規則，以便界定和執行交換的條件。撇開政府的角色，組織形式的選擇將取決於為了創造一定量的產出，必須相對地付出多少量的資源。市場價格體制之所以成本高昂，是因為先有衡量商品或勞務交易的內容，以及後有執行交換的條件，而這些都是要付出代價的。而且實際上還有第三種成本：由於衡量的不完全，而產生的外部效果（external effects）。相對的，組織的階層形式取代了中央權威的指令：契約安排限制了交換雙方的選擇，一方把控制決策交於另一方。②組織形式的成本，是衡量代理人表現的成本；由不完全的衡量所帶來的無效率，是執行的成本。由於獲得服從的資源成本，不同於市場價格體制所牽涉的成本，所以它們導致不同的結果。讓我先來說明市場交換，接著探討廠商

p.34

---

② 在這裡，權威乃是在契約中所隱含的決策權之責付與決策結構的界定。只有在政府沒有用強制手段強加在非自願的組織形式之際，新古典的定義才適用。然而，我將在考察有關廠商的文獻和考慮意識型態時，進一步討論這個問題。

（或其他階層組織）存在的原因，然後試圖解釋歷史上的經濟組織。

II

　　我先來談談我每個禮拜去附近公共市場做的交易。我是去買柳橙（在1980年，十四顆柳橙值一美元）。我買柳橙是為了喝橙汁，所以我想要柳橙含有大量的汁（而不是肉）和酸甜味。我在交換中真正想確定的是，一定量的橙汁及可食成分，合起來產生我要的味道。為什麼賣柳橙的方法，不能讓我完全得到我想要的？有部分是能做到的。華倫西亞（Valencia）柳橙是榨汁用的，它與其他食用柳橙是分開來賣的。但是，我想從柳橙中得到的汁和味的數量，卻是不能以低成本界定出來。假如不用或只用極少成本就能衡量這些成分，那麼，我會正好得到我所要的組合。但其實不然，購買是根據數量、重量、體積和長度；要花費資源，才能確定這些客觀的衡量特性是否合格。

　　賣橙者從批發商那裡買進柳橙，在他收到的柳橙中，有一些柳橙並不好。他得在那些不好的柳橙上賠些錢，因為如果他想把壞柳橙賣給我，來賺我的錢，我就會去市場上別的攤位買柳橙，簡而言之，大批賣者的競爭會約束他的行為。賣橙者會在袋子底部塞一些爛柳橙，直到我回到家才發現嗎？假如他不打算再碰到我，他或許會這樣做，因為這是他處理掉壞柳橙而不遭受損失的唯一方法。

p.35

　　但這正是我每週之所以到同一名商人——莫里斯——那裡買柳橙的原因。他知道，假如他在我的袋子底部塞進那種爛柳橙，我就不會再去他那裡了，作為一名老顧客，我是有價值的。投機主義（opportunism）會因重複的交易而受約束。就莫里斯而言，他會接受我一美元的支票，而不問我在銀行裡是否有足夠的錢兌現支票，也不管當他兌現這一美元支票時，能否毫無疑問地被他的批發商或任何一位他想去買商品或勞務的人所接受。

　　顯而易見，這個簡單例子其實不僅在基本特徵上很複雜，而且我們所考察的只不過是它膚淺的表象。交易的基礎——使交易得以發生——是一個複雜的法律結構及其執行。莫里斯與我都承認，我們彼此分別在柳橙和金錢上的財產權，而且這些權利是能在法庭上執行的。莫里斯接受一張

p.36　紙，是把它當作得以掌握一定數量的其他資源的合法代表物，並且知道他可以用它達到目的。簡而言之，不確定性因為有一套被接受的財產權結構及其執行，而被降低或完全消除。

　　讓我綜合一下前面這些說明的含義。

　　為使物品成為一種排他性的財產，並且具有交換價值，人們必須能夠衡量物品的數量。如果衡量成本（measurement costs）非常高，這物品將是一種共有的財產資源。衡量的技術和度量衡的歷史，是經濟史很重要的一部分，因為當衡量成本降低時，交易成本也降低。前述例子裡的十四顆柳橙，並不代表真正需求的數量，真正需求的是一定量的橙汁，以

及帶有的一定味道。柳橙按種類或等級區分，是邁向正確方向的一步，但只要其有經濟價值的**某種**物品特性仍難以衡量，那麼私人成本與社會成本之間就會有差別。[3]

訊息成本因大批買者和賣者存在而降低，在這些條件下，價格所包含的訊息，若是在缺乏有組織的市場之情況下，就需要個別的買者和賣者付出大量的搜尋成本（search costs）。[4]

投機主義（opportunism）受到大量競爭（和人情化的交換〔personalized exchange〕）的約束。在這裡，我們可以大略地將投機主義當作是，交換的一方在契約後的行為裡，違反合約而達到損人利己的目的。

個別所有者之間透過市場契約轉讓財產權，必須是針對排他性的權利。[5]這種權利不僅必須是可衡量的，而且必須是能執行的。要注意到，財產權轉讓過程有兩個階段：第一階段包括交換還沒發生時，界定和監督排他性的成本；在第二階段，成本是出自為權利交換和轉讓，而進行之契約的協議和執行。

政府作為第三者，能透過建立非人情化的法律和執法機　p.37

---

③ 見Barzel（1974）和Cheung（1974）。

④ 最初的貢獻是來自Hayek（1937 and 1945）。也可參見Stigler（1961）。

⑤ 雖然被轉讓的權利必須是排他性的，但我們應注意到，物品或勞務的出售，並不見得是不受約束的權利。當我把房子賣掉，新屋主在使用房子時和我先前一樣，就受到都市土地分區管制法規（zoning laws）的限制。我所轉讓的只是一些特殊權利的組合。

構，來降低交易成本。既然法律的發展是一種公共財，所以
就能隨之帶來重要的規模經濟。假如已存在法律，則因為交
換的基本規則已經確立，協議和執行的成本會顯著地減少。

　　最後，在結束這部分說明之前，讓我附帶指出一點：縱
使莫里斯確知他不再會碰到我，他也可能不會在我的袋子底
部塞入一些爛柳橙；就我而言，我知道，當莫里斯轉身去往
袋子裡裝柳橙時，即使不可能被察覺，我也不曾偷拿些柳橙
放入我的口袋裡。原因在於，我們都認為這項交換是公平或
合理的，我們的行為受到這一信念的約束。這個問題將在第
五章中討論。

III

　　為什麼廠商會代替市場？這是寇斯（Ronald Coase）在
他的論文〈The Nature of the Firm〉（1937）中所問的問題，
他把廠商當作特定範圍的交換，在其中市場體制受到抑制，
權威和指令代替市場完成資源的配置。艾爾欽與戴姆賽茲
（Alchian and Demsetz, 1972）面對同樣的問題，強調對投入
因素監督的重要性，因為聯合的團隊生產（team production）
（作為專業和分工的結果）之利益，使得對投入因素的衡量
產生困難。簡森與麥克林（Jensen and Meckling, 1976）將監
督的論點延伸為當事人（財產權所有者）為了控制代理人
（受當事人委託而代為從事活動的人）所付出的努力，使得
代理人要為當事人的利益行動。寇斯和艾爾欽與戴姆賽茲之

間的差異，需要做詳細的說明。

　　按照寇斯的說法，廠商超越市場交易的好處，是在降低交易成本而帶來利益。（實際上，廠商在商品市場上減少一系列交易的同時，往往在因素市場上增加另外一系列交易，因此，廠商的有效率規模，取決於其邊際利益等於其邊際成本的那一點。）艾爾欽與戴姆賽茲強調來自團隊生產的生產力增加，這是寇斯所忽視的；但他們也由此強調團隊生產的副產品是逃避責任或欺騙，為降低這些交易成本，監督是需要的。⑥ p.38

　　威廉生（Williamson, 1975）及克萊恩、克洛福與艾爾欽（Klein, Crawford and Alchian, 1979），都強調投機主義在導致經濟活動垂直整合（vertical integration）的作用。在資產變得更具有專用性，而產生較大的准租（quasi rents，定義為資產價值超過它的次優用途的餘額）的地方，簽訂契約成本的增加就比垂直整合的成本高。我們會看到，垂直整合能防止契約的另一方在關鍵時刻改變契約的條件，所可能造成廠商的重大損失。

　　艾爾欽與戴姆賽茲（還有簡森與麥克林）強調，廠商只是法律虛構出來的，其實是一系列連鎖的契約關係，而寇斯卻強調廠商是由權威統治的。寇斯的見解，在一些方面接近像馬格林（Stephen Marglin）一類的新左派評論家。他指出

---

⑥　然而，就像McManus（1975）所指出的，艾爾欽與戴姆賽茲斷言，團隊生產是問題的根源並不正確，而是投入和產出的衡量成本造成了監督。

（1974），來自亞當‧斯密著名的專業和分工所帶來的生產力增加，並不需要廠商的階層組織，廠商存在的原因，是因為它是一個剝削工具，讓老闆透過它剝削工人。不同之處是，寇斯強調廠商帶來交易成本方面的真實利益（至少部分是權威帶來的結果），而馬格林和其他新左派的評論，卻強調階層制度是由廠商強加的結果，並沒有節省實際成本。然而，馬格林的論點禁不住批判性的檢證。假如紀律嚴明的階層廠商組織沒有節省真實成本，那麼我們必定會看到非權威的組織形式有效率地與廠商競爭。既然在美國經濟史中存在著數以千計的烏托邦式、合作社式和其他實驗性的組織形式，我們可以想見，在與傳統廠商的競爭下，應該有大批組織倖存下來。然而它們並沒有；若對它們失敗的原因做隨意的檢視，也會看出根本的交易成本問題，阻礙了這類非權威組織形式的生存。假如這些論據還不夠充分，我們可以轉而觀察一下社會主義國家的一些經驗。顯然，階層組織在生產成本（來自規模經濟）和交易成本兩方面都有優勢。⑦

p.39

IV

在進一步加進政府的分析之前，讓我們看看能否把前兩節的內容拼湊成一個有關經濟組織的一般化交易成本分析架

---

⑦ 用心理學的實驗來證明和衡量逃避責任的表現，進行團體中的個人和單純個人之間的比較，見 Latane, Silliams and Harkinds（1979）。

構。⑧

由於經濟活動的組織形式不同，履約所耗費的資源成本也會不同，這些履約成本包括各種組織形式中的衡量成本，和執行合約的成本。顯然，市場上的衡量成本，對照於階層組織中的會有差別。

市場主控了對消費者的商品銷售。在市場上，既有主觀的衡量因素（像產品的新鮮或橙汁的味道之類），又有成本較少但精確度較低的客觀衡量成本（像產品的重量、數量、顏色和品級之類──消費者所用之可見的代用標準）。當我們從橙汁轉到更為複雜的產品或勞務，如電視機、汽車修理工作的品質和醫生的服務品質時，衡量成本會大幅增加。這使我們傾向於依靠各式各樣的替代標準，如品牌、商標、品質保證和信譽。但是，關鍵因素是競爭程度對當事人的約束力。

當我們轉向中間產品的勞務，如用來製造汽車的機械工具，雖然交換可能是市場交換，或是在一個廠商的內部交換，但衡量成本則是不同的。當交換是由市場上的購買行為所構成時，競爭會約束賣方去滿足契約中衡量的規格，不然就會敗給競爭者。賣方的金錢所得，因此直接與其績效有關。當機械工具的製造在一個廠商內，衡量仍是必須的，目的是盡力確保機械工具符合品質的規格，而廠商使用各種方

p.40

⑧　此處討論的相關著作，若想要有進一步的說明，見McManus（1975）和 Barzel（1980，未發表）。

法，包括品質管制和會計方法來衡量績效。然而，現在工人是機械工具製造這個團隊生產中的一員，其所得並不再直接與他或她的生產活動相關。市場不再能直接約束其績效。假如確定個別工人的產出（量和質）是沒有成本的，那麼市場的確會帶來同樣有效的約束，工人的所得將會直接與績效相關，工人獲得的薪資將根據其產出（按件計酬），而不是投入（按時計酬）。但是由於衡量個人績效要花費成本（而且完全地衡量通常是不可能的），逃避責任和欺騙等行為就司空見慣。工人的薪資又是根據投入來計算，所以各種成本高昂而又不完全的監督方法，就被用來減少逃避責任的行為。

還有執行契約的成本：如衡量契約一方所受的損失或傷害、進行懲罰，以及賠償受損失一方等等的成本。

為了衡量損失，首先必須能衡量績效；因此契約內容包括詳盡的規格說明，規定出能顯示績效的交換特性。

對損害的懲罰和補償的作法，不僅需要立法、司法程序和執行，而且嚴重地受到道德和倫理行為準則的影響（就是對法律和契約關係之合法性的認知）。在簡單的非專業化社會裡的人情化交換，依賴於交換能按照行為準則來執行，對契約關係合法性的認知，顯著地影響法官與陪審團。假如衡量是完全的，而且司法程序對於在違反契約中受到傷害的一方，所裁定的賠償恰好是「正確的」，那麼投機主義將不會對經濟組織產生影響。可是，司法程序是由統治者的代理人實行的，這些人本身並未受到完全的約束，他們受其自身的利益，以及他們對契約公正性的主觀評價所引導。

因此，執行過程是不完全的，尤其是關係到長期契約的　p.41
協定，因其未來的價格及風險無從確知。[9]在應用到專業化
的實物或人力資本之際，由於會使囤積居奇或投機主義有利
可圖，執行過程一樣是不完全的。

家庭生產中沒有交易成本：既然個人的家庭生產，是根
據他們自己的效用函數訂做的，因此主觀的衡量不需要任何
替代標準。這樣雖然有完整的垂直整合，但犧牲了專業化。

專業化和分工程度越高，從最初生產者到最終消費者的
生產步驟也就越多，而衡量成本也就越高（既然在每一步驟
上都必須衡量）。組織形式的選擇，將受到產品或勞務特性
及衡量技術的影響。

階層組織取代市場最主要的理由，是因為規模經濟發生
在團隊生產中；但實現規模經濟的代價，是對於團隊中個別
成員（代理人）績效要付較高的衡量成本，「廠商透過使個
人的生產活動外部化，或者使他的金錢所得獨立於自己的生
產，從而使外部效果內部化（這就是說，實現了規模經濟）」
（McManus，1975，頁346）。[1]因此，廠商僱用監督人員來約
束代理人的行為，以減少逃避責任和欺騙的行為。

---

[9]　Goldberg（1976）把這種契約關係稱為「關係的交換」（relational
　　exchange）。

[1]　個人在廠商中從事生產活動時，所提供的勞動不是為自己的目的而付
　　出，因此是「外部化」的；勞動的報酬獨立於自己的生產之外，可以排
　　除個人為自己的目的，而違背廠商使用勞動的目的，因此可以使「外部
　　效果」內部化。

　　當那些專用性的人力資本或實物資本投資，因不完全執行，而使當事人易受契約後投機主義的傷害，則階層組織也會取代市場交易。垂直整合能減少發生為獲暴利而囤積居奇的可能性，不過，同樣會有上面提過的監督成本。

　　所有現代新古典文獻討論廠商時，都將之視為市場的替代物。對經濟史學家來說，這種觀點是有用的，然而，由於忽略了重要的歷史事實：階層組織形式和交換的契約安排早於定價市場（price-making market）（就像柳橙買賣那樣的），這種觀點的用處是有限的。最早得知的定價市場，是在西元前十六世紀出現在雅典廣場（Athenian agora），而交換在此一千年前就有了，我們現在就沿著這個線索，說明這種早期的組織形式。

p.42

　　為此，我們必須澄清博蘭尼（Karl Polanyi）和其後的作者所散播的誤解。⑩博蘭尼把**市場**當成**定價市場**的同義詞。然而，很明顯的，任何自願性契約的交換都涉及一個市場，而它的形式是受前述討論到的因素所左右。博蘭尼以為任何偏離雅典廣場定價市場的形式都是非經濟的行為，就犯了一個基本的錯誤：即使在《鉅變》（*The Great Transformation*）（1957）一書裡，他視之為市場心態（market mentality）縮影的時代裡，也是以各式各樣的契約安排為特徵，而非定價市場。⑪有兩個原因不利於關於西元前六世紀之前存在定價

---

⑩　博蘭尼對經濟學家的影響較小，卻對其他社會科學家和歷史學家有非常大的影響。

市場的觀點：第一是作為本章主題的交易成本；第二是國家統治者的財富極大化目標。

定價市場需要明確界定和執行財產權。這必須使物品或勞務的內容能夠衡量；而且，隨之產生的權利必須是排他性的，以及必須存在一種執行機能去維護物品的交換。參加交換的人數少、投機主義的可能性，以及由於缺乏明確的財產權，或不能預測交換契約在有效期內的情況改變，而產生的不確定性，所有這些都會導致替代的契約安排，以減少相關的交易或生產成本。

V

前面的分析已經假定稀少性和競爭無所不在。更有效率的組織形式將代替無效率的組織形式，並且能預期何種組織形式會繼續存在。即使有按照契約理論所申論的方式來運行的政府，仍會發生組織形式的變更，因為任何形式的課稅，都能改變相關的衡量成本和隨之而生的組織；但是前章闡述的政府理論，意含著更大的改變。

p.43

政府設定規則，以追求統治者及其團體的極大所得，然後在遭遇限制下，設計出降低交易成本的規則。假如對統治者來說是有利可圖的話，那麼非自願的組織形式會存在（例如非自願的奴隸制度）；假如來自內部或外部較有效率的組

---

⑪　見North（1977）。

織形式，對統治者的生存產生威脅的話，那麼相對無效率的組織形式會存在（例如當今蘇聯的集體農場，以及古時候雅典從事穀物貿易的組織）；[12]而且對統治者課稅來說，具有低衡量成本的組織形式也會存在下來，儘管它們是相對無效率的（例如柯爾伯〔Colbert〕時期法國對壟斷權的特許）。[2]

然而，在既有的初始限制條件下，為降低交易成本，統治者會提供一套規則，及其執行所組成的公共財（public good）作法。其中包括：設立統一的度量衡、[13]能刺激生產和貿易的財產權、解決紛爭的司法體制，以及執行契約的執行程序。

VI

前述對經濟組織的新古典分析方法，至少在兩方面有缺陷。

首先，在一個國家中，人民團體為自身利益而進行政治控制的能力越分散，也就越難預測或解釋即將出現什麼樣的

---

[12] 見Polanyi（1977）對雅典穀物貿易的解釋。

[2] Jean-Baptiste Colbert（1619－1683）是法國國王路易十四在位時的財政大臣（1665－1683）。為了因應路易十四龐大的支出，他施行各種產業管制，以特許的壟斷權換取短期的財政收入，成為歷史上實施經濟管制的經典人物。

[13] 然而，必須注意到，設立度量衡的方式，將以使統治者所得極大化為目標。只有在我們認識到統治者利益為優先，度量衡的歷史才言之成理。

財產權形式。要解釋古埃及重分配社會的經濟組織並不太困難，但要說明現代民主社會複雜的經濟組織則困難得多，因 p.44 為在現代民主社會裡，許多利益團體都在為爭取控制政府、更改財產權，以及改變經濟組織而互相競爭。⑭

更嚴重的問題是，這理論並不完整，只要瀏覽一下有關產業組織的文獻，就會得到明證。這些文獻大量充斥著簡單的自利與欺騙的自利（投機主義行為）互相對立；有時個人互相趁機謀利，而有時卻不；有時個人努力工作，而有時卻不。誠實、正直和君子協定，在契約安排中是很重要的；另一方面，無處不在的偷工減料、欺騙、白領階級的犯罪和陰謀破壞，也同樣重要。

簡要地說，對行為進行約束的衡量成本是如此之高，以致如果缺乏意識型態的信念約束個人利益極大化，經濟組織的生存能力就會受到威脅，投資於合法性不下於本章前面幾節所詳細論述的衡量成本和執行成本，是經濟組織的成本。其實，上述討論已簡短提到，契約執行中的一項主要問題，就在於對契約關係合法性的認知。

---

⑭ 大量新冒出的文獻，見於 *Bell Journal* 與 *Journal of Law and Economics* 之類的專業性期刊，它們提供豐富的證據說明這種困難。

第五章

意識型態與白搭便車問題

I

在前兩章中，我已釐清若干有關政府和經濟組織的新古典假設。現在我要討論這些假設所襯托出來，但並未解決的一個問題。

新古典模型在其行為函數內建了一個不對稱的矛盾，因為它既假定財富極大化，又假定霍布斯式（Hobbesian）的政府模型，這些假設限制了創建出可行之政治體制的行為。如果人們的行為根據第一個假定是理性的話，那麼根據第二個假定，他們的行為就是不理性的了。同意以建立一套控制個人行動的規則來限制行為，當然符合新古典行為人的利益，因此可以說，霍布斯式的政府，是新古典模式應用於政府理論時邏輯上的延伸。但是，違反這些規則同樣也符合新古典行為人的利益，只要個人在利益和成本的計算之下決定這樣的行為。然而。這樣的行為會導致任何政府無法成立，

因為這些規則的執行成本即使不是無限大，至少也會大到足以使制度不能正常運作。日常的觀察提供了豐富的證據，顯示人們會遵守規則，儘管在個人利害的計算之下，他們不應該會這樣做。平常的觀察也提供證據顯示，許多變動的發生是由於大型團體的行動，而按照白搭便車問題的邏輯，這種行為是不應該發生的。讓我用新古典的用語特別說明一下這個矛盾。

p.46

　　許多個人行為能夠在新古典假設的相關範圍裡得到解釋——因而表現了新古典模型的力量，白搭便車問題確實說明了沒有特別附帶利益的大型團體，何以會不穩定、人們對投票的冷漠，以及匿名的自願捐血不能提供醫院足夠的血液等等這些事實。但到此而言，新古典模型沒有充分說明事情的另一面：即使沒有明顯的利益彌補個人參與所遭受的顯著成本，大型團體還是頻頻活動；確實有人們去投票；而且也確實有人去匿名捐血。我並不是要爭辯這些行為是非理性的——只是我們使用的利益成本計算太過侷限，以致不能掌握人們決策過程中的其他因素。個人效用函數，遠比新古典理論至此所包含的簡單假定來得複雜。[1]社會科學家的任務是擴展理論，以便能預言人們何時會像白搭便車那樣行事，

---

[1]　像帕森斯（Parsons）和席斯（Shils）那樣的社會學家們，已試圖將較為廣泛的心理因素結合到意識型態行為的概念中——尤其是涂爾幹（Durkheim）提出的社會壓力（societal stress）因素。有關強調象徵與意象對建構意識型態之重要性方面論述性質但非結論性質的研究，見Geertz（1973，第8章）。

何時他們不那樣做。理論不擴展，我們就無法說明由大型團體行為所發動與實現的許多長遠的變化。

　　雖然我們觀察到，當利益超過成本時，有人會違反社會裡的規則。我們同樣也觀察到，儘管個人的利害計算要他們不這樣做，卻也有人遵守規則。為什麼人們不在鄉間隨便亂丟垃圾呢？為什麼當可能的懲罰相對於利益是微不足道的時候，人們不騙不偷呢？我並不是在討論人們的相互行為──例如，禮貌和客氣往往在我們與接觸的人交往的相互行為中得到報答。我是在討論由家庭和教育灌輸的價值觀念，這些觀念導致人們行為的自律，以致於他們不會做出白搭便車的p.47行為。舉例而言，不管我是否亂扔雜物，我都會享受到美麗鄉間的山林之美；不亂扔垃圾是有成本的，而我的行為對於鄉間的品質，只引起微不足道的影響，對於社會科學家，問題變成：我在成為白搭便車者向車窗外扔啤酒罐之前，我要承擔多少額外的成本？

　　我在有關政治組織的討論中已提出這個問題，但它對於經濟組織的成立同樣重要。個人勞動的量和質因為有衡量問題，而只能透過規則不完全地加以控制，只有當個人的貢獻能以低成本來衡量且品質是固定的，按件計酬才會是一種解決方法。衡量勞動產出的其他監督辦法，同樣是不完全的。「勤奮」、「用功」和「用心做事」的工人，與「懶惰」、「交差了事」和「不求上進」的工人之間的差別，乃是產出上的差別，這個差別結果，來自於減低偷懶的意識型態信念有多麼成功。

　　凡是適用於偷懶的情況，同樣可應用於偷竊、詐欺、白
領階級犯罪和虛報開支——即一般的投機主義行為。新古典
經濟學家由於缺乏遠見以致忽視了，儘管有一整套固定的規
則、調查程序和懲罰措施，個人行為受限制的程度仍存在著
相當大的差別。社會上強有力的道德和倫理準則，是社會穩
定的結合力量，使經濟體制得以運作。

　　如果沒有一種明確的意識型態理論，或更一般地說沒有
知識社會學理論（sociology of knowledge），則我們無論是
在解釋現代的資源配置，還是在解釋歷史變遷的能力方面都
差一大截。加上如果不能解決白搭便車問題中的基本矛盾，
我們就不能解釋每一個社會為建立合法性方面所做的巨大投
資。這包括大部分教育體制，其中的許多投資既不能解釋為
人力資本投資，也不能解釋為一種消費品。我們無法預料立
法者的投票行為，因為即使結合有關利益團體的分析，還是
有很大的遺漏。我們也無法說明獨立的司法機關的決策，在
那裡，終身保障的職位和待遇，消除了大部分一般利益團體
的壓力，而決策經常是與主要利益團體的壓力相左。如何解
p.48　釋上一世紀裡發生的司法上的重大扭轉，以及在憲法解釋上
的急劇改變呢？同樣的，我們既無法解釋歷史學家們一代代
改寫歷史的癖好（以及誇大），也無法解釋許多歷史爭議中
所牽動的感情成分。

　　在本章接下來的部分，我會探討這些問題，我先提出警
告，沒有什麼工作會比建構知識社會學的理論更為浩大，我
們距離這種理論還很遠，所以本章較為簡單的目的是指出一

些問題，並提出一些嘗試性的假說，這些假說可以幫助經濟學家、歷史學家和經濟史學家，試圖去突破理論的束縛。另外，我特別強調白搭便車問題，因為這個問題在解釋歷史上政治與經濟組織的結構和變遷時，有關鍵的作用。

　　下面三節將逐步探討意識型態的本質、變化和成功的意識型態的特徵。第五節考察意識型態對於經濟學和經濟史的含意，並且為實證理論提供一些假說。

II

　　知識社會學是關於如何獲致知識的問題。[2]在最基本的層次上，它可以說是沒有理論的，因為每個人的日常行為是受一整套習慣、準則和行為規範所指引，而這些因素最初是從家庭（初級的社會化），然後經過教育過程和其他機構，諸如教會（次級的社會化）而得來的。但是，只要我們認識到我們的日常生活是由「常識」（common sense）的知識來指導，那麼這類知識在基本上是理論性的；意識型態是使個人和團體的行為方式理性化的思維力量。事實並不能解釋我們周遭的世界；解釋世界需要理論──並不一定是自覺的、明確的理論，但仍然是理論。理論不能被證明是「真實的」，它們只能被證據所否證。但是各種對立的理論不能被用來解釋我們周遭的許多事情，而且並沒有確定的檢證方法　p.49

---

[2]　對這個主題很好的討論，見 Berger and Luckman（1966）。

能汰蕪存菁地選出唯一的解釋。

對經濟學來說，選擇理論的研究方法假設，進行選擇時雖然價值存在，但被當成是固定的，而且人們能充分利用資訊，理性地行事。這第二個假設是新古典理論的敲門磚，因為至少對長久存在著對立理論的部分解釋，乃在於訊息成本。給定投票的任何成本－收益的計算，選民去獲取必要的訊息，來檢驗各種對立的觀點，而將其選擇與所期待的結果聯繫起來，乃是不值得的事。另外，即使如職業社會科學家那樣有相關的訊息，仍然存在著相互對立的理論。根本沒有足夠的證據，可以用於減少對立觀點的確定檢驗。顯然，意識型態是無所不在的，並不侷限於任何階級；「錯誤意識」（false consciousness）乃是不相干的，因為它隱含某些「正確意識」的存在，而那是沒有一個人具備的。重要的是，意識型態有三個層面需要強調：

（1）意識型態是一種省事的辦法，人們用它來與他們的環境妥協，並且建立一種「世界觀」以簡化決策過程。

（2）意識型態不可避免地與個人在認知世界的公正性時所持的道德、倫理判斷相互交織在一起。這種情形明顯意味著可能還有其他觀念──即對立的理性化過程或意識型態。對所得分配是否「適當」的價值判斷，是意識型態的重要部分。

（3）當人們的經驗與其意識型態不相符時，他們就會改變其意識型態觀點。實際上，他們試圖去發展一套更「配合」其經驗的新理性化觀念。然而，在此有必要強調一下與

孔恩（Thomas Kuhn）的發現相通之處。在《科學革命的結構》（*Structure of Scientific Revolutions*, 1962）一書中，孔恩強調，在「正規科學」（normal science）與科學證據之間通常存在著特例，必須累積相當的特例，才能迫使科學家們進入一個新的典範（paradigm）。意識型態的情形與此很相似：人們在改變其意識型態之前，其經驗與意識型態之間的不一致，必須有相當的累積。這個涵義對新古典理論而言是很重要的。相對價格的一次單獨變化，本身可能不會改變個人的看法，以及因而產生的決策，但長久的變化有悖於個人的理性，或根本改變個人的境遇，將迫使他改變其意識型態。 p.50

III

根據前一節的論述，我們應該能用嚴謹的經濟學用語，來揭示許多關於意識型態的變化。貝克與史蒂格勒（Becker and Stigler, 1977）的作法，是考慮時間價值、人力資本，以及其他因素影響決策的結果，例如，根據嚴格的機會成本而言，可以預知一位青年人的意識型態與一位中年人會有很大的差別。但貝克與史蒂格勒的方法，對於解釋大部分的意識型態太有限了。有兩個根本原因：第一，對於人們所持的大部分的理性化或理論而言，並沒有任何結論性的檢驗，能用來決定各種不同選擇的結果；個人的經驗，並沒有提供像貝克與史蒂格勒所稱的明確選擇，因經驗不同使人們的立場不

同，以致對周遭世界的理性化或看法不同，而且沒有辦法來明確地肯定或否定這些不同的看法。

第二，貝克與史蒂格勒忽視了倫理和道德的判斷，而這是一個意識型態不可或缺的部分。每個人的意識型態裡關鍵的部分，乃是關於「體制」（system）的公平或公正的判斷。雖然這個判斷超出了個人所面臨之交換的特定條件，不過這些條件在評價這個體制的公平性上還是很重要的。譬如，讓我提出有關相對價格的四種改變，它們會改變個人對體制公平性的原有看法，並導致他或她的意識型態看法改變：

（1）財產權的改變，否定了個人使用資源的權利，而這些權利過去已經一直被人們視為習慣的或公正的（例如公有土地的圈定）；

（2）在因素市場或產品市場上，交換條件的改變，離偏了已被人們視為公平交換的比率；

（3）一個特定的勞動力團體的相對所得狀況發生了變化；

p.51　（4）訊息成本降低的結果，使人們相信不同的或更優惠的交換條件，可能在別處已司空見慣。

我深知將公平觀點引進財產權文獻的困難。人們怎樣得到公平交換比率的概念呢？又是在什麼時機，公平的交換比率變得不公平呢？如果這個概念對於做出選擇的方式不重要，則我們將面臨這樣的疑問：如何解釋在歷史上曾經花費大量的資源，說服人們確信其地位的公正或不公正？遠自培里克里斯（Pericles）的辯術，替他在與希蒙（Cimon）的鬥

爭中贏得雅典市民的支持以來，[1]針對我們周圍世界的各種對立的理性化，一直就是歷史的基本成分。這個成分也一直主控著歷史上的衝突。然而，貝克與史蒂格勒卻總是忽視基督、穆罕默德、馬克思和1980年柯梅尼（Khomeini）[2]的影響力，更別提歷史上其他無數意識型態的來源。意識型態能夠不依賴知識分子（例如IWW）[3]的引導而發展，但這種情形僅是特例。我並不想分析產生我所謂的意識型態的知識型企業家（intellectual entrepreneurs of ideology）的報酬體系，然而，只要有不同經驗造成對我們周圍世界有不同的對立看法，這種企業家就會應運而生。

　　不同的意識型態，起源於地理位置和職業的專門化。最初，地理位置帶給人群某些經驗遭遇。這種各異的經驗逐漸結合成語言、習慣、禁忌、神話和宗教，而最終形成與其他人群相異的意識型態。這些今天倖存下來的民族差異性，產生相互衝突的意識型態。

　　職業專門化和勞動分工，也導致不同的經驗，以及對於

1　培里克里斯（西元前495年－前429年）與希蒙（西元前510年－前450年）是雅典的重要政治人物，互為政敵。希蒙對抗波斯建立戰功，主張與斯巴達合作。培里克里斯指控希蒙對雅典不忠，成功說服人民，於西元前461年將希蒙放逐。

2　伊朗的宗教領袖，成功推翻親美國的伊朗國王，從1980年代開啟伊朗的宗教統治。

3　應該是指Industrial Workers of the World。這個組織在1905年成立於美國芝加哥，創立的成員幾乎都是勞工階級，號召跨產業的工人加入，採取激烈手段伸張勞工的權利。

現實的不同，乃至對立的看法。馬克思設定「意識」
（consciousness）取決於一個人在生產過程中的地位，這種
見解是對解釋「階級意識」（class consciousness）之發展的
一個重大貢獻。

IV

　　不管意識型態是為現實的財產權結構和交換條件做辯
護，或者是抨擊現存的結構不公，它必須具有以下所討論的
特性才能成功。

p.52　　因為意識型態是由相互關聯、包羅萬象的世界觀所構
成，它必須解釋現存的財產權結構和交換條件，是如何成為
更大體制的一部分。它也必須能用這套理性化的說法解釋過
去的情況。如果歷史真如歷史學家所言一代代被重寫，那並
不是因為後來的證據已經發展出對先前的假說進行明確否證
的檢驗，而是因為對現存的證據材料賦予不同的重要性，而
產生與當時的意識型態相吻合的各種不同解釋。我並不是說
歷史學家從沒有發現過新的證據；事實上，他們當然有發
現，而且因為這些證據用以驗證先前的假說，歷史知識因而
得以進步。但是，即使在充滿大量訊息的當今世界，學者們
對大規模複雜的假說，提出明確驗證的能力也是非常有限
的。因此，對立的解釋通常具有沉重的意識型態的枷鎖：馬
克思主義者把經濟史寫成階級鬥爭史，自由市場論者把經濟
史寫成有效率市場的發展史。有關歷史問題的激烈爭論，諸

如有關工業革命時期的生活水準和美國奴隸的狀況等，都不能簡單地以純粹的學術問題看待，這些爭論以更廣的觀點則可以說得通，即歷史是各種相互競爭的意識型態的戰場。我不想爭辯——我將在下文說明——所有的歷史和社會科學理論都只是意識型態。我打算說明的是，在不可能明確檢證對立解釋的程度內，關於過去的學術解釋，以及解釋現在的理論將層出不窮。

　　大凡成功的意識型態必須是靈活的，以便能得到新團體的忠誠擁護，或者當外在條件變化後仍能得到舊團體的忠誠擁護。有兩個例子可以說明這一點。

　　由於在過去一個半世紀中，實際工資已經有所提高，藍領無產階級在勞動力中的百分比已日趨下降，馬克思主義的意識型態，已針對這個與馬克思的分析似乎矛盾的情況進行調整。馬克思主義的意識型態——已經取代馬克思正統的剩餘價值論（theory of surplus value），與失業的預備軍（reserve army）——試圖去解釋這些變化（以及在美國何以缺乏階級意識），同時將招兵買馬的對象指向新的團體，由於他們確信其社會地位是不公平的，乃成為馬克思主義的合適信徒。必須有一個靈活的理論，吸引少數民族、婦女，以及第三世界的人民。可以預見的結果是，大量新的理論試圖將這些群體納入馬克思主義的意識型態；同樣可以預言，馬克思主義者之間關於「正確」理論的爭執將不斷出現。p.53

　　眼見普遍存在的外部性和資源配置非市場形式增多，自由市場的意識型態近幾年也面臨同樣的危機，這裡也產生一

些新理論來解釋這些觀察的現象；但與馬克思主義相比，自由市場的意識型態還未在社會、政治和哲學（更別提形上學）的理論綜合架構之中發展。③因此，這些變化的情況，使得它在維護和獲得一些團體的忠誠方面遭遇嚴重困難。

　　最為關鍵的是，任何一個成功的意識型態必須克服白搭便車問題，其根本目標在於激勵一些團體不按簡單的、享樂主義的個人成本與收益計算來行事。這是各種主要意識型態的中心主力，因為無論是維持，或是推翻現存的秩序，都離不開這種行為。

　　維持現存秩序的成本和對現存體制合法性的認知，二者的關係成反比。如果社會成員相信這個體制是公平的，規則和財產權的執行成本會大量減少。這是因為即使私人成本／收益的計算下值得去違反規則或侵犯財產權，人們也不會去做。如果每個人都相信一個人的家是「神聖不可侵犯」的，那麼，可以在屋內無人而門不閉戶，仍不用擔心盜匪侵入。如果一個美麗的鄉間被認為是公共「之善」，個人就不會隨便亂丟雜物。如果人們相信民主政治的價值，他們就會把投票當作是應盡的公民義務，勞動者會勤奮工作，管理者會盡忠職守顧到業主的利益；契約不僅就法律文字得到履行，契約的精神也被尊重。明確一點說，引誘人們成為白搭便車者必要的利益，是與對現行體制合法性的認知呈正比。一個社

p.54

---

③ 馮・米塞斯（Von Mises）和海耶克（Hayek）的奧地利學派（Austrian School），是這種情況的一個部分例外。

會的教育體制，不能單單地以狹隘新古典的說法來理解，因為許多教育都明顯在反覆灌輸一套價值觀，而非進行人力資本的投資。當近來的馬克思主義文獻強調，美國教育體制有灌輸價值的層面，一些馬克思主義作者明顯忽略了，那並不是「資本主義」所獨有的，對合法性的投資在蘇聯和中國社會更為顯著。的確，在共產主義中國，這些投資支配著正式和非正式的教育結構，若非新古典經濟學家忽視（或遺漏）了一項每個社會的基本成分，那麼就是，假如他們是正確的話，每個社會在其合法性所做的龐大投資，乃是不必要的支出。

如果主導的意識型態旨在使人們相信正義是與現存的規則同在，因而使人們出於一種道德感來遵守這些規則，那麼，與之對抗的意識型態要達成的目標，就不僅是使人們確信他們所見的不公正，乃是現行體制不可分的一部分，而且是使人們確信，只要通過人們積極參與改變現行體制的活動，就能建立一個公正的體制。對抗的意識型態若要成功，不僅必須提出可信的說法，將各種團體感受到的特殊不公正，與知識的企業家所想要改變的大環境產生關係，而且必須提供一個完全沒有這些不公正情形的烏托邦，以及行動的指南——即一條人們可以透過適當的行動而能實現烏托邦的道路。馬克思主義者大量有關階級意識、階級團結、意識型態和知識分子角色的文獻充分說明，馬克思主義革命者顯然很清楚，白搭便車問題給馬克思主義理論和革命實踐所帶來非常現實的問題。

　　再提一次，從隨意的觀察中可以發現，普遍存在個人的行為型態，全然表現出道德尊嚴在個人的成本／收益計算中被當作一種利益。抗議運動中，個人行動招致被監禁或被殺害，在歷史上不勝枚舉，無須贅述。在現今世界中也不乏其例，如蘇聯的知識分子[4]和1978到1979年伊朗的伊斯蘭教暴亂分子皆是。

p.55

V

　　從本章對意識型態的討論中，我想整理出一些對經濟學和經濟史的意義，並據以提出一些假說。簡而言之，首先，引入意識型態這一概念，並不會減少經濟理論的科學性，這是就獲得可否證之假說的能力而言。其次，發展意識型態的實證理論，對於解決白搭便車這個難題來說，是不可少的（而且這個問題的解答，對大部分社會科學的理論發展也很重要）。同樣，它對於進一步發展說明資源的非市場配置的理論，也是必要的；而且它在詮釋許多長期變化也很重要。現在讓我來闡述這些論點。

　　既然意識型態是無所不在的，學者並不比其他人免受它的影響。熊彼得（Joseph Schumpeter）在就任1948年的美國經濟學會（American Economic Association）會長時，所做

4　此處是指在蘇聯共產主義瓦解之前，一些知名的知識分子表達了對集權政治的抗議，甚至在受到嚴重壓制之後，仍不計代價堅持爭取自由。

的演說中指出，經濟學家們在研究問題時，總帶有一套意識型態信念，它們影響了課題的挑選，以及起初採用的分析方法，但就經濟學家發展出可供否證的理論而言，這門學科可以有科學的進步。④由於經濟學家尚不能完整地提出毫無疑義的否證，因而就會和新古典經濟學長久並存著一組共識，以及各形各色的理論與假說。但是，新古典方法的反對者們往往忽視了一點，即新古典理論已經對資源的市場配置提出令人信服的說明，以致它們都不再是學術界爭論的問題了。簡言之，新古典經濟學在預言市場關係的許多層面有如此的成績，以致我們根本忘記這些發展做了多大的科學貢獻。5

關於當事人之間和當事人與代理人之間契約關係的經濟理論必須考慮，投資於適當的制度合法性，乃成為約束契約雙方的重要成本。已經無法再使困難更小，意識型態的實證理論，對推進交易成本分析是極重要的。受約束的極大化模型，若是只考慮受規則，以及其執行的限制，就會留下重大 p.56疏漏；要減少這些疏漏，只有再加考慮道德和倫理準則的力量，以便衡量其決定個人受多大的利誘會有白搭便車的行為。在一個社會裡，專業化和分工越發達，則與交易相關的衡量成本就越大，而且建立有效率的道德和倫理準則的成本

---

④ "Science and Ideology"（1949）。

5　諾思認為，經濟學的科學進步是發展出可供否證的理論，當新古典經濟學的實證應用得到許多一致的結果後，會使得經濟學家忘記這樣的成績乃是透過發展可否證的理論而得來，以為實證的結果構成經濟學的科學內容，更忘記為經濟學開創新理論。

也越大。這種自相矛盾的困境，正是自第二次經濟革命（見第十三章）以來的現代社會裡許多問題的根本原因，因而對推進經濟理論的發展也是很重要的。

　　透過政治和司法程序進行資源配置，給意識型態主控決策過程提供大量的契機。近年來的研究顯示，立法者投票行為的最佳預測指標，並不是明顯可見的利益團體，而是美國民主行動聯盟（Americans for Democratic Action）及其他評分系統所列出的意識型態信念。⑤這並不是說利益團體壓力不是政治決策的重要來源；它們是的，而且公共選擇理論是探討決策過程很有用的工具。而是當立法者、管制者和行政部門面對眾多選擇時，意識型態有機會成為決定性因素；只要意識型態觀念的成本很小，或微不足道，利益團體在一個議題上看法相對平衡地分布，或者成本和收益牽涉廣泛，而涉及每個個人的影響不大，以致任何個人或團體都認為不值得投入重大資源去形成利益團體壓力。以及最後，強大的意識型態信念可能，也的確常常如此，使政治決策者做出與有組織的利益團體壓力相違背的政策。

　　但是，更為重要的是，利益團體本身的組成和行動，並不能視為利益團體壓力排除了意識型態信念。在某些情況下，有可能確認利益團體壓力充分反映龐大之淨私人利益，足以解釋這類行為；但在大多數情況下，並不可能的。現代環境保護運動就是這樣的一個例子。

---

⑤　見Kau and Rubin（1979）對文獻和證據的整理。

意識型態居主導地位，最明顯的場合是獨立的司法活動。法官因有終身職，所以相對來說，可以避開利益團體的壓力。的確，他們最初的任命雖然可能反映出這種壓力（儘管法官的任命，通常依據廣泛的意識型態傾向）；但他們後來對廣大範圍的政策所做出的決定，則反映了他們自己對「公共利益」的信念。正如布坎南（Buchanan, 1975）和諾思（North, 1978）所指出的，力圖從利益團體的角度解釋獨立的司法活動，並不具說服力（如Landes and Posner, 1975）。米蘭達（Miranda）判例，以及沃倫法庭（Warren Court）的許多判決，的確不僅一反長久以來司法發展的先例，而且與一些主要的利益團體相牴觸。[6]最高法院對用於接送學生的學校專車的支持，和鮑特法官（Judge Boldt）關於印第安人有權在華盛頓州捕魚的裁決，也是類似的例子，這些司法判決是如此常見，以致法官個人對公共利益的看法每天都看得

p.57

6　所謂沃倫法庭，是指美國最高法院由沃倫（Earl Warren）擔任首席大法官期間（1953－1969年），這一時期經由釋憲讓民權保障顯著提升。米蘭達判例是在1966年的裁定，要求警察執行逮捕時必須對犯罪涉嫌人提出警告，以免當事人因為不知道相關權利而自我入罪。當今大家熟悉美國警察會唸：「你有權保持緘默」等語，就是來自於此。後文提到的學校專車接送學生事件，乃是關於種族隔離的釋憲。雖然1954年美國最高法院已經裁定，公立學校以種族膚色隔離學生的作法違憲，但是由於住宅區域的實質隔離，造成學區劃分之下，美國南方許多學校實際上黑白隔離。政府為了消除種族隔離，採取以專車接送學生跨區就讀，引起是否違憲的爭議。1971年大法官做出不違憲的裁定，被認為是民權運動的一大進步。

見。意識型態的實證理論，在分析獨立的司法活動對資源配
置的影響上，具有重大意義。

　　運用意識型態的實證理論，來解釋長期變遷的需要，是
同樣迫切的。新古典經濟學用於分析經濟發展或經濟史時，
在針對一個時期的經濟表現，或者運用比較靜態的分析比較
不同時間的經濟表現，也許能說明得很好；但是，它並沒
有、也不可能說明變遷的動態過程。一種經濟長期變化的主
要來源，是一些參數的結構變動，這些參數是經濟學家所視
為不變的，包括技術、人口、財產權和政府對資源的控制。
政治經濟組織的變動及其造成的誘因，乃是將結構變遷的所
有來源理論化的基礎；而且制度改變涉及人們有目的的活
動。現行的理論並不適用於解釋這些變化，除了在當相對價
格的變化，產生自動又立即反應的極少數情況下。但是，制
度涉及既得利益，其中有得利者也有受害者，兩者都調動資
源來支持或反對即將到來的變動。得利者很少會補償受害
者，而且雙方在衝突中用的資源也難以用成本／利益來說
明。我並不反駁歐森（Mancur Olson, 1965）圍繞在強制力
和成員獲得的附帶利益上，解釋團體行為所做的有力分析。
這對許多團體行為，例如美國醫學協會（American Medical
Association）、工會和農產局（Farm Bureau）的行為來說是
適用的。然而，歐森自己也承認，他的理論並不能解釋各式
各樣的團體（Olson，頁160－163），不過，當他在低調處
理意識型態的重要性時說「在穩定、秩序良好又冷漠的社會
裡可見到『意識型態的終結』」，則言過其實了。⑥他指出，

農民抗議運動的不穩定在於沒有產生附帶利益，但他忽視了一點，即在他的分析模型中，根本就不會發生這類事情。他也沒發現到，農民的抗議運動明顯地影響了政治和法律政策：事實上，它們的大部分目的，最終都被新的法律解釋所容納，包括《孟恩訴伊利諾州案》（*Munn vs. Illinois*）以及民主黨的黨綱。我們也依舊不解，他是如何解釋今天仍然主導著大多數第三世界國家的反市場心態，還有他如何解釋他認為出現於不穩定國家的群眾運動，以及「革命和顛覆」的時期（頁122）。

事實很簡單，一個動態的制度變遷理論，如果侷限於嚴格的新古典個人主義理性目的的活動，就無法讓我們用來解釋從古代猶太人頑強的鬥爭，到1935年通過社會安全法案（Social Security Act）期間所發生的大多數長期變化。長期經濟變化的發生，不僅是因為新古典模型所強調的相對價格的變動，而且是因為不斷演變的意識型態觀念，導致個人和團體對自身地位的公平性產生截然不同的看法，並且按照這些看法而行事。

---

⑥ Olson，頁162。引語中「意識型態的終結」（The End of Ideology）是 Daniel Bell（1960）的標題。但是，只有當我們考慮他指的是諸如馬克思主義之類大範圍綜合性的意識型態，在美國衰亡的含義時，Bell（1960）的標題才有意義。然而，所有這些敘述的本意是，隨著現代訊息成本下降，意識型態已經變得更為分散而局部，而沒有知識企業家能夠將這些意識型態結合起來，形成一種單一的、連貫的意識型態，以贏得大多數人們的贊同（但是看看1979年伊朗的伊斯蘭教運動）。

第六章

經濟史的結構與變遷

I

　　歷史上知識存量的累積，大致上是不可逆轉的，但人類的經濟進步卻並非如此：毋庸置疑，政治經濟單位有起有落，整個文明更是如此。兩者的對照，清楚地說明了一個重點──人類組織的成敗，決定社會是進步還是倒退。知識和技術的進步是必要條件，但是如果我們想要成功地探討經濟興衰的根源，我們必須讓視野更開闊些。在這一章，我將把前幾章的思路歸納一下，並且運用這個鬆散的分析架構，來提出一個有關西方經濟史概觀的看法，這可以為第二篇中關於歷史的各個章節搭好舞台。經濟史學家可以使用的材料，不外乎古典的、新古典的和馬克思的理論。我首先對已經在上述理論架構中用過的這些理論，進行重點歸納。

　　讓我們回到第一章描述的相對價格變化──人口成長──對經濟的影響上，我們知道，新古典的結果是一系列的調整，

p.60　在完成時產生新的均衡。影響長期（持久）成長路徑的根本
力量，仍然是取決於所得儲蓄的函數，每人平均成長率是人
口成長率的結果。這個模型可以與馬爾薩斯和李嘉圖的古典
模型對照。古典模型之所以得出悲觀的結論，是因為存在一
種固定因素——土地與資源——再加上無時不在的人口擴張
趨勢，導致工資長期趨向於僅足以維持生活。無論是新古典
經濟學的樂觀模型，還是古典經濟學的悲觀模型，都帶給經
濟史有力的見解。前者以新知識的有彈性供給曲線，以及在
所有商品關係間的可替代性這些特性，大致描述自第二次經
濟革命之後，西方經濟前所未有的發展歷程；後者則將經濟
史置於人口和資源持續的緊張狀態之中，它對於探索十九世
紀中期前一千年的人類歷程，是一個更有用的起點。

　　兩個模型都不完整。原始新古典模型的檢證條件是中立
的政府、零交易成本，以及固定的偏好。只有這些檢證條件
大致成立時，新古典模型才能成為有用的分析架構，儘管修
正後的版本，包含正的交易成本和政府理論能給我們提供理
論的部分內容。古典模型則始終不能擺脫悲觀的結果，縱使
包斯洛普（Ester Boserup）曾令人信服地指出（1965），人
口有時會引發新技術（但她並沒有提供理論依據來說明，如
何克服固定因素的報酬遞減）。

　　很難敲定馬克思的模型，因為幾乎有多少馬克思主義理
論家，就有多少種對馬克思理論的詮釋。馬克思以技術變動
而不以人口成長作為變遷的原動力。他批判馬爾薩斯所認為
的，人們會養育子女至僅能維持生存的狀況，而主張生育乃

是決定於文化條件。①在馬克思的模型中，技術變動導致生產技術的進步，而其潛力並不能在現有的經濟組織中得以實現。結果，是激發起一群新興階級去推翻現有的體制，並發展出一套新的財產權，讓該階級把新技術的潛力實現。　p.61

　　在描述長期變遷的各種現存理論中，馬克思的架構是最有說服力的，這恰恰是因為它包括了新古典分析架構所遺漏的所有因素：制度、財產權、國家政府和意識型態。馬克思在強調有效率的經濟組織中財產權的重要角色，以及在現有的財產權與新技術的生產潛力之間形成的張力，是一個根本的貢獻，是技術的變動造成馬克思體系裡的張力；但這種變化是透過階級鬥爭才得以實現。

　　馬克思模型的侷限性，包括它缺乏說明技術變遷的**速率**的理論，以及過分強調技術，而犧牲其他變動的來源。②例如，馬克思輕視人口變化在歷史中的重要角色。我們可以了解，為何馬克思不願讓人口變化在他的模型中成為重要的因素；但是，若在馬克思的模型中加入人口成長，可以大大加強其解釋力，在技術沒有顯著改變的情況，或者在技術變動沒有具備實現其潛力所必需的組織變動的情況下，技術本身

---

① 馬克思和恩格斯（Engels）對馬爾薩斯的看法，見Meek（1953）。然而，山繆森（Paul Samuelson）指出，當你將土地和自然資源的限制加入馬克思的模型中，你就會得到和亞當・斯密、李嘉圖和馬爾薩斯一樣的古典模型，見Samuelson（1978）。

② 可是，見Rosenberg（1974）一文闡述馬克思關於技術的精闢觀點，其中探討了對技術知識的需求和供給。

並不能單獨說明許多長期變化。

　　再者，階級是太過龐大和歧異的群體，因而不能視為基本的行動單位。馬克思在許多方面的非正式分析中，都體認這個事實，並討論了在資產階級或無產階級內部的分類，但這一討論只算是特例性質的推理。新古典經濟學個人主義式的計算，倒是一個較好的起點。依共同利益來決定的加總（aggregation），讓這一模型增添靈活性，又無損其一致性。的確，加總的範圍可能擴及一整個階級──當整個階級的成員都公認具有共同利益時。這種對共同利益的強調，也讓我們得以探討一個階級內部的衝突，而事實上，這些衝突才是p.62 大量長期變化的原因。然而，無論是馬克思主義的方法，還是新古典的方法，都沒有解決解釋團體行為最為關鍵的白搭便車問題。

　　新古典經濟學具有的機會成本這個分析工具，以及其強調相對價格的重要性，比起馬克思建立在勞動價值論上的笨拙模型，是更為高明的分析工具，正如第四章中的分析所力圖闡明的，擴大新古典的分析納入交易成本，能提供一個重要的理論橋梁，進行分析經濟組織，並且探討既有的財產權制度與經濟體系的生產潛力之間的張力。

　　但是，前幾章所提出的研究交易成本與財產權的方法，與大部分正統的新古典文獻有著極不同的意義。它不僅不意含經濟組織必然「有效率」，而且它也強調所有組織皆有由於不完全的衡量和正的執行成本，所導致的所得耗費。在考慮國家統治者的利益，以及前面所提過的經濟組織中正的交

易成本的情況下，毫不意外，能成功地刺激經濟成長的經濟組織，想必能把利益內部化和成本外部化，提高經濟活動的私人「生產」報酬率，而把成本加諸其他團體。理想的國民所得會計，應該包括所有的社會利益和成本。然而，理想的與我們目前經濟史中所做的相差甚大，以致我們還沒有真正地確定許多我們傳統上認為與經濟發展有關的投資，和經濟活動的社會報酬率。

新古典理論與馬克思理論，還有一個差別也很重要。新古典模型中的變化，是指由相對價格變化引起的邊際變化。對經濟史學家而言，新古典模型中的存量與流量之間的關係相當重要。存量反映了由歷史上衍生而來的知識、技術、實物和人力資本的限制，這些限制只能在一個時點上逐步改變。這種方法有效地掌握歷史過程基本的連續性，和經濟變 p.63 化的遞增性質。再者，相對價格變化在作為長期變化中一種動力的重要性，實在值得再三強調。

儘管影響經濟表現的存量只能緩慢地增加（雖然它們會劇烈減少），但是，改朝換代的革命，不容易加進新古典方法之中；同樣，意識型態在新古典架構中也沒有地位。如上所述，比起新古典的方法，馬克思的架構包括了對長期變化較複雜的分析。③

---

③ 以安德森（Perry Anderson）所著 *Passages from Antiquity to Feudalism*（1974）為例，馬克思學者近來的研究在探討長期變化時，展現從這一分析架構中得到的有價值的見解。而且，最近馬克思學者的研究也已開始正視白搭便車問題。見 A. Buchanan（1979）。

II

我們現在該怎麼做呢？如上所述，這些模型是根本不同的（雖然它們都源自於古典經濟理論，而採取財富極大化的行為假設〔behavioral assumption〕），但在前五章中，我已把所有這些理論的想法融入我的架構中。讓我們運用這個架構，來概要地解釋人類經濟史，看看第二篇中的研究有何結果，然後我就能指出在哪些方面仍有待努力。

我們首先引入人口擴張，它是過去百萬年來普遍存在的長期趨勢。由於固定的技術，最終導致馬爾薩斯式的危機。而且，只要所有資源是共同財產，技術的改進（如在狩獵／採集活動中弓箭的發明）只會導致加速破壞自然資源的基底，報酬遞減和生活水準下降，可能會引發控制人口成長的作法，雖然在部落間的競爭之下，由於大部落會占有資源而排除弱小部落，控制人口成長的作法未必理性，這種狀況一定會促使部落在勢力範圍上建立起排他性的財產權，其結果是提高了追求關於資源知識的報酬率。因此便發生第一次經濟革命，這是第二篇裡第一章的主題。

p.64

排他性的**共有財產權**（communal property rights）的建立，擴大了專業化和分工，並且出現一個專業化的組織形式——政府——去界定、裁決和執行財產權。政府究竟是起源於攻擊和剝削農村的掠奪性團體（政府的掠奪性起源），還是由於農村組織的共同需要發展而來（政府的契約性起源），這個問題仍未能解決。更有趣的是，一個團體利用強

制力量的相對優勢建立政府，長期結果是，一方面設計了一套財產權來使統治者報酬極大化，另一方面又在那套財產權架構內建立法律和執行機制，以提高經濟效率，從而增加稅收。

　　一個地區的地理環境和資源狀況，連同軍事技術水準一起決定國家的規模、特徵，以及經濟組織的形式（決定監督代理人的成本，和財產權演變形式的衡量技術已給定的情況下）。從農業起源至羅馬帝國衰亡的八千年間，其特徵是人口擴張、日益複雜且有效率的經濟組織形式建立，以及國家規模的成長。第一次經濟革命對組織影響的細節，將在第八章中探討。

　　歷史上不斷發展的專業化和分工，產生了多樣化的歷程，和相對應之多樣化的「現實」解釋，這與部落社會的共同經歷和意識型態形成對比。與勞動分工相關的產出分配（即所得的分配）中出現衝突，成功的政治經濟單位，總是有意識型態發展的配合，這些意識型態，會令人信服地使既有的財產權結構和由此而產生的所得分配合法化，這種思想概念若是圍繞著共同的宗教活動，則最成功；把統治者神化（如在法老統治的埃及）的作法，也一直是最為人們所接受的合法化形式。

　　保持意識型態共識所花費的成本，與訊息成本成反比，　　p.65
而與相對價格的穩定成正比。一名統治者或許能有效地控制前者，但他對後者則較無法控制，其理由在前幾章已經說明過。如果社區內團體的相對福利水準，滑落至原本被認為是

公正的狀況以下，將導致對既有的經濟秩序合法性重新評價。意識型態的企業家，將會有機會利用社區群體的異化，去構築相反的意識型態。如果這種意識型態能發動團體起來改變既有的經濟秩序，它就必須克服白搭便車的問題。正如歷史上政治經濟單位的興起是有價值觀的配合一樣，它的衰落也與共同價值體系的瓦解有關。

在八千年中，人口壓力不斷出現，而各種反應顯現出降低人口出生、開拓殖民地，以及創造更有效率的制度和技術。有些時期裡相當成功：西元前五世紀的雅典、前四世紀的羅得島（Rhodes），和西元後兩個世紀的羅馬帝國，這些都是有顯著經濟成長的繁榮極盛時期。但是，雅典終於被斯巴達（Sparta）打敗，最後被羅馬帝國吞併。羅得島也由於羅馬的妒忌而淪陷，它在東地中海的貿易霸權時代，在羅馬建立德羅斯（Delos）自由港而告終，而羅馬最終也敗在野蠻人手下。不論衰亡是否來自內部的腐敗，原因都在於國家之間的衝突，和政治經濟單位的結構中固有的內在不穩定。有一些古代的變化可以用相對價格概念來考慮，其他的則需要用意識型態的探討來說明。尤其對大規模的宗教運動，如從猶太人的反抗到基督教會的大分裂，引起的變化更是需要一種意識型態理論。在第九章，我試圖將那些能用相對價格概念來解釋的變化，與那些需要用意識型態的考慮來說明的變化區分開來，但我並不否認，兩者的因素都不斷地牽扯在經濟變化之中。

p.66 　　縱觀一萬年來的經濟史，羅馬的衰亡只是文明興衰此起

彼落歷程中的一段插曲，但從西方歷史來看，不論在經濟擴張、經濟組織的日益複雜、技術的進步和政治經濟單位規模的擴大各方面，都是巨大的中斷。之後西歐波濤洶湧的局勢裡，只能逐漸緩慢地重現一些平靜的安全島。

　　同樣，正是軍事技術及其變化，決定著政治單位在規模和結構上的變化。武士階級（warrior class）建立長存之經濟組織的能力，是受到土地和勞動相對價格，以及交易成本的影響。興起的封建莊園制，導致貿易復與、人口擴張，以及十四世紀的危機。軍事技術的變化，又導致封建領主的沒落、政治單位最適規模的擴大，以及（加上相對價格的變化）財產權巨大的改變。封建和莊園的興衰，將在第十章探討。

　　從封建主義結束到工業革命這段時期，是以探險和商業擴張為主的年代，其中（在十七世紀）也包括發生國家統治危機的時期。探險和擴張的結果，最終使世界的其他部分與擴張中的西歐經濟結合，並且將不同宗主國的各式財產權結構，強加於它們的殖民地上，長期影響這些殖民地的活力。國家統治上的衝突，導致兩種不同結果的政府：一種是產生相對有效率的經濟組織形式；另一種則相對或絕對地衰落。統治者與人民之間相對談判力量，對這些結果有決定性的影響。西歐的擴張和西歐國家的危機，將在第十一章探討。

　　工業革命向來被經濟史學家認為是經濟史的分水嶺，它真是革命嗎？第十二章的論點是，市場規模的成長引起專業化和分工，因而引起經濟組織變動，這又反過來降低技術變

p.67 化的成本,加速經濟成長,這些變化鋪平了道路,迎接一個
更為根本的轉型,也就是第二次經濟革命。

十九世紀晚期科學與技術的結合,和農業的出現一樣,
具有革命性的意義。第一次經濟革命是一次根本性的改變,
因為它透過財產權提供的誘因,來促使有效的資源基底增
加,並提高個人改進資源基底的報酬率。在其後的一萬年
裡,人類經營出這次變動的細節。的確,在這段期間裡,有
無數次馬爾薩斯式危機的光臨,但這些危機能被且已被採用
更有效率的經濟組織和技術變動所克服。然而,終究存在著
一個相對的固定因素。技術的進步最終依賴科學的系統性發
展,這就需要提高「純」知識的報酬率。如果沒有科學的發
展,人口成長最終將會導致人類無法在成本不變的條件下擴
大資源存量。

第二次經濟革命,導致新知識的供給曲線變得有彈性、
產生資本密集的技術,以及為了實現這些技術潛力,在經濟
組織上必須有的巨大變動。前所未有的專業化程度,以及由
於生產和分配過程的拉長,而產生的衡量成本與執行規則的
成本增加,需要新的組織形式去約束當事人和代理人。但是
專業化也產生意識型態的分歧:第二次經濟革命進一步的結
果,一方面是異化和政治不穩定的產生,另一方面是規畫有
效率的經濟組織時持續存在的問題。第二次經濟革命及其對
組織方面的意義,將在第十三章探討。

在第二篇的最後一章中,我要更詳細地探討作為第二次
經濟革命的結果,美國是如何產生結構的變化——特別是政

府的成長。

在第三篇，我彙整第一篇的理論，及其在第二篇中對經濟史的應用，從而提出一個制度變遷理論的基本元素。

III

在我們接著進行歷史的討論之前，有必要強調我在理論部分裡缺少些什麼。它並不足以構成一個經濟史的理論。這樣的一個理論，唯有靠著在新古典生產理論中融合人口理論、知識存量的理論，與制度理論（見第一章）。我企圖做到的是先重組經濟史學家所問的問題，以致至少他們得以正視解釋經濟史的任務。然後再提出一組互相關聯的假說，使我能指出這種研究方法的潛力。主要的漏洞應該清楚地提出來：

（1）沒有人口變化的理論。本書的重點是放在政治與經濟的組織上，我只簡單地對人口變化做了一些與歷史證據相符合的主張。

（2）沒有軍事技術發展的理論。無論是在討論政府的那一章，還是前述的概要式解釋裡都可見，軍事技術與其變化，對歷史上政府的結構與規模相當重要。

（3）政府模型仍有其他缺點，尤其是當我們從單一統治者轉而考慮現代的多元政府。什麼樣的理論能說明這種政府如何化解衝突，還在困擾著現代的政治科學家們。

（4）儘管大部分制度變遷理論中的要件已經提出（第十

五章），這個架構並未界定出一個漂亮的新制度的供給函
數。一個社會在回應相對價格變化時，所能建立之組織形式
的選項，由什麼因素所決定？制度創新是一種公共財，它具
備這種財貨的所有特性，包括白搭便車的問題。

（5）最後我再次提醒讀者，我們要繼續努力，才能發展
出一個知識社會學的實證理論。

警告已經夠了。讓我們來看看手上的工具能做些什麼
吧。

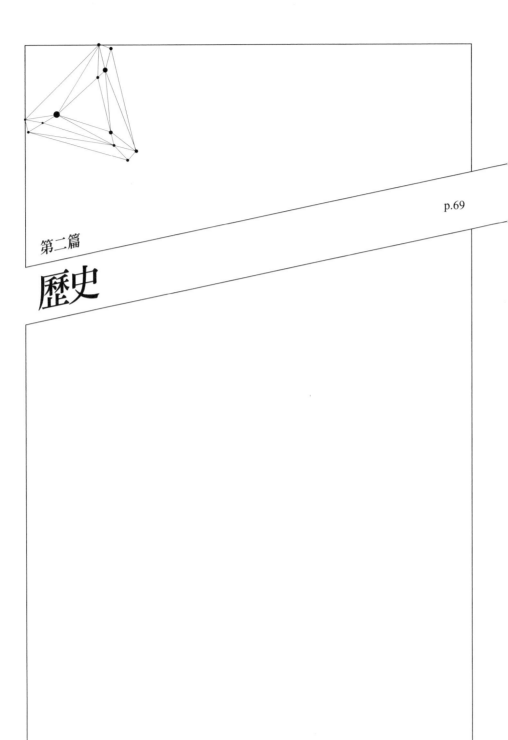

p.69

第二篇

歷史

導言

　　第二篇關於歷史的這八章，將焦點集中在西方經濟的長期結構變遷，作用是指出這種經濟史研究方法的潛力。我必須強調，第一篇的理論架構，雖然用於整理第二篇的焦點，但是我並沒有對政治和經濟組織的歷史形式做詳細界定，因而並未為驗證這個模型提供必要的堅實基礎。

　　在這些歷史概述中使用第二手資料，會使它們的解釋價值加上顯著的附帶條件。我不會為使用第二手資料而感到抱歉。這原本就是它們的用處：它們是介於原始材料和綜合解釋之間的中間產物。附帶條件乃是來自於對這些資料選擇性的使用，以及可得到證據的有限。

　　儘管我已徵求編年史專家的意見，以協助我這個業餘愛好者，但結果仍然反映出我對編年史專業知識的貧乏。在我所熟悉的歷史年表材料之中，我深深感受到缺乏可用證據直接驗證我提出的理論問題之苦。歷史學家們很少將他們的學識集中到我正在檢視的問題上。我希望這些探討歷史的文章，將引導他們進行這項工作。

第一次經濟革命 *

I

　　在人類與其他動物區別開來之後的一百多萬年時期內，人類一直在地球上摸索著，從事狩獵和採集活動。現有的少數證據顯示，在舊石器時代，雖然人的生存能力如同動物，也受到變化莫測的自然界影響，但人的生活方式已不同於低等動物。那時，人類生活在小團體或小部落裡；洞穴，有時甚至露天之處便是人類的居住地。當一個群體把某一地區的動植物消耗殆盡時，他們必須準備遷移。

　　在狩獵和採集的漫長時期內，人類產生許多不同的生活方式和文化。在法國多爾多涅河谷（Dordogne Valley），發現舊石器時代人類的藝術才華，在那裡的洞穴牆壁上，

---

*　本章是根據諾思和湯瑪斯（Robert Paul Thomas）的 "The First Economic Revolution" 論文，該文載於 *Economic History Review*（1977 年 5 月）。

保留了動物和狩獵情景的繪畫。儘管考古學家把馬格德林（Magdalenian）文化視為更新世時期最輝煌的成就，但在歐洲其他地方也有文化發展的證據。考古學家已發現刻有動物或花紋圖案的工具和武器；突顯婦女懷孕特徵的小塑像（Venuses）；還有可以看出史前人類很關心死後生活的墓地。雖然人類已經取得這些藝術和美學上的成就，但人類的生活仍與其他動物差不多，也要從自然界獲得獵殺的動物或採集的植物。人類生活的極限被資源基底所限定住而無法改善，人類只能在地球的生物限制內生存。

p.73

　　大約一萬年以前，人類開始發展定居農業，如放牧、飼養動物、栽培植物以獲取食物，人類擴大資源基底的能力提升，造成根本性的經濟革命，從狩獵和採集向定居農業的轉變，被考古學家柴爾德（V. Gordon Childe）稱之為新石器革命（Neolithic Revolution），從根本改變人類進步的速度。它導致學習過程急劇加速，因而造成空前未有的發展，可以說是人類編年史上那種十分鐘的發展，相對於以前二十三小時五十分鐘的發展。

　　理解這種變化極為困難，在某種程度上必須靠推測。當然，沒有文字記載的證據，僅有一些人工製品殘留下來。不過，考古學家們卓越的偵探工作，給了我們很大的幫助，植物學家、生物學家、地質學家、物理學家和地理學家的共同努力，提供我們大量線索，幫助我們嘗試性地重新建構出過去發生的事情。

　　在考察第一次經濟革命以前，值得概述一下人們關於人

類史前史所公認的重要證據，而經濟革命的理論應該與這些
證據相符：

（1）定居農業的發展，大約出現在一萬年以前，但人類
有別於動物已超過一百萬年。自從農業出現以來，人類物質
進步的速度大大加快。

（2）這種發展在不同時期裡，各自獨立出現在許多地
區，如「肥沃月彎」（Fertile Crescent）、中美洲，可能還有
祕魯、中國北方，以及其他地區。[①]

（3）農業的擴散花費了數千年的時間，在歐洲擴散率為　p.74
平均每年一公里（L. L. Cavalli-Sforza, 1974）。

（4）在更新世後期，許多巨型動物都絕種了，兩百多種
動物被列為消失（Paul Martin and N. E. Wright, 1967）。

（5）在農業發展之前，人類就開始發掘更廣泛的食物來
源，較大的動物在人類的食物中所占的角色越來越小，而小
動物、禽類、貝殼類、螺類、堅果、種子所占的角色越來越
大。這被稱為「大範圍革命」（Broad Spectrum Revolution）
（Flannery, 1968）。

（6）人口數量增加以後，人類遷往新的地區，人類最戲
劇性的遷移，就是移居到新世界和澳洲（Davis, 1974）。

---

① 關於農業產生的時間和地區的證據的文獻，見Struever（1971）。

II

　　首先，讓我們按照比較靜態經濟模型，來考察一下可以用來解釋第一次經濟革命的條件。這一模型的目的是推導出若干條件，在這些條件下，一個群落（band）稀少的勞動資源，會從傳統的狩獵採集轉移到農業上。[2]群落的主要資源假設是其成員的勞動。群落會選擇如何使用勞動，以生產所需的產品和服務。群落會盡力配置資源，使稀少的勞動資源價值極大化，因而使團體的經濟福利極大化。在沒有市場決定兩種產出（狩獵採集與農業）的相對價格之下，群落的偏好便產生對它們的相對評價。為了分析方便，我假定這些評價是不變的，因此，勞動的邊際產出，或者每一種活動的機會，就成為群落決定如何在兩個部門之間配置勞動的關鍵因素。[3]

p.75　　首先，假定勞動力是固定的。狩獵部門勞動的機會，就是狩獵勞動的邊際產值（value of the marginal product）曲

---

[2] 「群落」一詞來自Colin Renfrew（1972，頁363）。見他關於人類學家對群落、部落（tribe）和國家（state）區分的討論（頁363－365）。

[3] 這一節從頭至尾我都假定，人類在從狩獵採集轉型至農業之前，已擁有關於栽培植物和放牧動物的足夠知識。我將從這個模型中導出這些條件究竟是什麼。在最後一節，我放寬了這一假設，以便說明只要創立出排他性的財產權，結果是相同的。我所斷言的是，農業的發明並不是最重要的。而是，由排他性的財產權所導致的誘因變化，必然造成農業出現。

[4] 以下的「狩獵」應理解為「狩獵採集」。

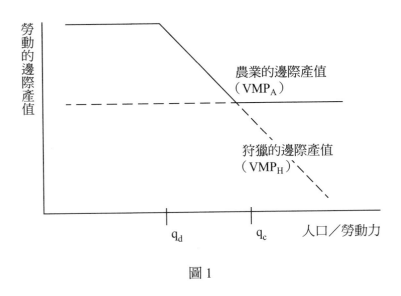

圖 1

線。④再假定，資源存量是由生物條件所決定的，因此當人
們狩獵努力增加時，會受制於報酬遞減。⑤所以，所繪出之
狩獵的邊際產值曲線，在經過一段固定報酬的時期（圖 1 中
的 q_d）以後最終會下降，在圖 1 中，狩獵部門的勞動需求下
降的相關部分在 q_d 和 q_c 之間。農業部門反映了那時為此目
的所需的土地很充裕，出現了增加勞動單位的規模報酬不　p.76

⑤　一個更精確的假設，是一個模型詳細說明動物的生物成長法則。見
　　Smith（1975），他提出的模型與本章的分析是一致的。差別在於，
　　Smith 提供的是一個正式的和精緻的比較靜態模型。本文則是有關經濟
　　史的，目的是試圖描述從狩獵採集向農業社會轉變的時間路徑，並確認
　　引起這種轉變所需的制度變動。更確切地說，本文試圖解釋考古學家們
　　所發現的發展特性。

變。因此，相關的農業勞動需求，是超過 q_c 以上的水平部分，對群落勞動的總有效需求，可見於圖1中的實線。這條線與所能用的勞動量結合起來，就能決定勞動產出的邊際價值，同時還能決定可用的勞動在兩個部門之間的配置。[1]

如果把所有可用的勞動都用來狩獵後，狩獵勞動的邊際產值，仍然高於用在農業的第一單位勞動的邊際產值，則人類就會把全部的精力都用於狩獵。如果圖1中的勞動力規模等於或小於 q_c，這種情況就會出現。

假定某一時期的勞動力規模仍小於 q_c，那麼只有兩種參數的變化，能引起勞動從狩獵轉向農業的重新配置。一種參數變化，就是狩獵勞動的邊際產值曲線向左邊移動，反映該部門生產力普遍下降。如果出現這種轉變，群落就會把原先用於狩獵的一部分勞動力重新配置給農業部門，因為這部分勞動力用於狩獵的產出，要少於把這部分勞動力用於農業的產出，這種結果也意味著群落生活水準下降。

導致勞動從狩獵轉向農業的另一種參數變化，就是農業勞動的邊際產值曲線向上移動，反映農業部門勞動生產力提高。這種性質的移動，和前述的移動具有相同的結果：如果把以前用於狩獵的一部分勞動力重新配置給農業，這部分勞動力的生產力會上升，於是會出現勞動的轉移。然而，這個事件中，群落的生活水準會提高。如果這兩個參數變化或其

1　勞動的邊際產值，代表增加一單位勞動所創造的產品價值，即使在沒有市場的情況，也可以設想成主觀價值。此一邊際產值會等於雇主在決定僱用勞動時所願支付的代價，因此等於勞動需求。

中一個參數變化夠顯著，這個效果會使所有的勞動都從狩獵
轉向農業。如果我們容許勞動力增加而維持每個部門勞動的
機會固定，則勞動向農業的轉移終究會出現。如果最初的勞
動力小於圖中的 q_d，則由此增加勞動力達到這一點後，將導
致用於狩獵的勞動的邊際生產下降。這種下降還會持續至勞
動力達到圖 1 中的 q_c。從此之後，根據我們的假設，勞動力　p.77
再增加的部分會加到農業部門中，而不引起勞動的邊際生產
力進一步下降。最終，如果人口繼續擴張，每一新增的勞動
力都會配置給農業部門，於是農業部門將會主導經濟生活。

　　總而言之，有三種變化可以用來解釋從狩獵向農業的轉
型，這三種變化分別或共同地發揮作用。狩獵勞動生產力下
降、農業勞動生產力提高，以及勞動力規模擴大，都會導致
人類從純粹的獵人逐漸變為農民。

III

　　考古學家們已經提出多種解釋，說明從狩獵向農業的轉
變。每種解釋都對這一轉變提供一些見解，並且能用上述的
模型加以闡述；但沒有一種解釋是完全令人滿意的——或是
因為解釋未能說明前述證據，或是因為理論本身不完整。柴
爾德（1951）認為，隨著最後一個冰河期的消失，氣候發生
急劇的變化，近東（Near East）[2]和北非以前曾經有充足的水

2　中東地區以西的歐亞洲交接地區。

源，而在植物茂密的地區，人類原本很容易獲得野生動植物，但已變得乾涸。結果，所能得到的食物包括動植物，都集中在殘存的水塘和綠洲附近，在這些稀少的綠洲上，人類與動植物有密切的接觸。人類能夠仔細地觀察這些動植物，並能保護一些動物免受掠食者的攻擊。當人類發現保護和圈養草食動物，以及對它們提供牧草和穀料對自己有利益時，草食動物逐漸被馴化。

　　從上述歷史證據的面向考慮，柴爾德的理論根據是，環境變化導致自然資源的基底下降，包括動物絕跡。自然資源基底下降，說明了狩獵勞動生產力的下降，這又使得人類為了生存，必須加強對剩餘資源的控制。在這個過程中，人類p.78 學會如何提高農業勞動生產力，由於狩獵機會減少，人類不得不這樣做。柴爾德解釋的主要內容是，VMP_H（狩獵的邊際產值）向左邊移動，以致一部分人口就會因轉向農業而得利。

　　柴爾德的理論受到兩方面的批評。第一，這種發展為什麼沒有出現在早先的冰河期衰退之後？第二，或者更重要的是，歷史氣象學家發現，氣候變化與向農業轉移的時間和地點並不符合。進一步說，氣候變化並不總是伴隨著動物種類的消失。而且柴爾德的假說也沒有解釋新石器時期採行農業生產的速率，或人口的成長。儘管如此，氣候的變化有可能減少資源基底，並導致某些地區動植物相對稀少性的加劇。

　　第二種理論，即所謂的核心區域理論（nuclear-zone theory），是由布雷德伍德（Robert J. Braidwood, 1963）提出

的。布雷德伍德的核心區域理論，建立在一種文化發展觀點之上，這種觀點認為，人類逐漸越來越了解他周圍的動植物。布雷德伍德把核心區域定義為「包括多種可以而又容易被馴化的野生動植物的自然環境」。布雷德伍德（1960）把這種理論概述如下：

> 食物生產的革命，似乎是隨著人類社會的文化差異和專業化的累積而發生，大約在西元前八千年，居住在「肥沃月彎」地區丘陵上的人們，已經充分認識自己的居住地，因而他們開始栽培採集來的植物，以及馴化那些獵來的動物……從這些核心區域開始，文化的擴散為世界其他地區散布了一種新的生活方式。

布雷德伍德解釋的主要內容，是VMP_A（農業的邊際產值）向上移動。布雷德伍德核心區域理論的誘人之處是，當初有一些地區的動植物可能比其他地區的動植物更適合馴化。此外，布雷德伍德強調，人類並不是一下子就獲悉動植物的知識，而是逐漸地而必然地學習到。布雷德伍德的解釋，所缺少的是關於變化的因果關係。布雷德伍德的描述，並沒有完整地說明定居農業產生的原因、時機、獨立的發展及其緩慢的擴散，也沒有說明人口的成長，以及某些動物種 p.79 類的絕跡。顯然，完全認識動植物並不是農業革命的充分條件，即使它是一個必要條件。

這兩種理論，並沒有把人口成長視為人類向農業過渡的

部分解釋。第三種理論是賓福德（Lewis R. Binford）提出的，並由佛藍納里（Kent Flannery）做了詳盡的闡述，考慮了人口成長。這個理論中，人口擴張形成的遷徙，對資源基底產生壓力，並在各個敵對團體之間引起生存競爭。賓福德推斷，在特定區域內，不同的社會文化團體產生一種不均衡：

> 從接受遷徙者的區域內已有之人口的觀點來看，遷入群體的侵入會打亂現有的密度均衡體系，並使人口密度增加到會破壞食物資源的程度。這種情形顯然將對接受遷入者之群體造成更大的壓力，有益於發展提高生產力的方法。另一方面，侵入團體面對新的環境，將會被迫採取一些適應性的調整。於是會產生強大的選擇壓力，這種壓力有助於這兩類團體發展更有效率的生存技術。

佛藍納里（1969）闡述賓福德的解釋，在一項研究中詳細討論可能出現過的過程，他將此歸諸狩獵和採集型態下人口壓力的變化：人類從捕獲大型哺乳類動物，轉向較小的哺乳類動物，最後從採集轉向農業發展。

賓福德和佛藍納里的解釋，主要強調人口向 q_c 以外擴張，其結果是一部分人口轉向農業。然而，缺點是沒有人口理論作為這種解釋的基礎，它也未能解釋何以人口的擴張會引起農業的發展。

IV

　　這裡所提出的模型假定，史前人類在面臨兩種選擇時，他們往往選擇能使自己境況變好的那種。我並不認為這個假定正確地描述了史前人類任何一個個人或群落的行為。在一個不確定的世界裡，不可能預知哪一種選擇是「正確」的。　p.80
相反的，由於許多群落都面臨類似的決策，因此對新情況所做出的一些探索反應，就生存鬥爭的標準而言，會呈現為「正確」的。也就是說，這些決策會使該群落的物質狀況變好，因而比其他群落增加生存的機會。選擇「正確」方案的群落，不論是有意識的還是偶然的巧合，都會往物競天擇的過程中居於優勢。原先選擇其他行動而結果成效不佳的其他群落，長時間之後若不換成採用更強大之競爭對手的技術，就要滅亡。⑥

　　上面提出的簡單比較靜態均衡模型假定，史前人類有兩種基本方式運用自己的勞動。選擇生產價值極大化方式的群落，在一段時間後將勝過沒有這樣做的群落。我在本章開頭所用的簡單比較均衡模型，因此在這種情況下是可以接受的。然而，就我們的目的而言，這一模型並不完整。它既沒有清楚地解釋史前人類生存其中的財產權的性質，也沒有包含任何人口的假說。由於既存財產權結構引導著人類的經濟

---

⑥ 資源的稀少性必然會有競爭，競爭反過來又確保符合財富極大化假說的可觀察行為，會經過選擇過程而浮現，即使它不是有意設計的結果。

行為,個人會為了其自身利益,而在一種財產權制度下的行為,不同於另一種財產權制度下的行為。史前人類運用勞動連同自然資源謀生。自然資源不論是狩獵的動物還是採集的植物,開始都是作為共同財產(common property)。這種類型的財產權,意味著所有人都能自由使用這些資源。經濟學家們都熟知一種觀點,無限制地使用資源,會導致其無效率的利用。當對資源的需求增加時,這種無效率會導致資源枯竭。如果是再生資源,這種枯竭的形式,就是使生物存量減少到維持繼續收穫所需的水準以下。

這種情形是一個因文化或制度(財產權)之不當,所引起誘因失靈的例子,有某種誘因使得個人或群落忽視某些成本,導致資源被過分使用,也許甚至危及個人或群落的持續存在。

p.81　　讓我們考察一下幾個群落為共同占有的遷徙性動物而競爭的情況。動物只有被捕獲以後才對群落有價值。於是群落就有誘因開發這一資源,直到所捕殺的最後一隻動物的價值,與捕殺這一動物的私人成本相等為止。採集過程也會持續,直到在私有財產權制度下,稀少資源所能獲得的利益完全消散為止。[7]這就是說,在競爭的情況下,沒有任何一個群落有保育資源的誘因,因為剩下的可以再繁殖的動物可能會被競爭對手捉去。因此,動物存量會處於瀕臨滅絕的危

---

[7]　提出公共財產資源模型的經典論文,見Gordon(1954)。也可參見Smith(1975)和Cheung(1970)。

險。導致這種無效率的關鍵因素，是開採共同擁有的資源沒有任何障礙。當個人或群落感到狩獵的私人報酬大於進行次優活動的報酬時，他們就會進行狩獵。結果狩獵者過多，當開採超過某一程度以後，資源存量的規模就會下降。於是，所有狩獵者的成本都會上升（即生產力下降），狩獵勞動的機會曲線（VMP_H）就會向後移動。但是，只要狩獵者狩獵的生產力仍高於次優選擇，如農業的生產力，就難以阻止新的狩獵者不加入狩獵。

　　可以看出，如果禁止一些潛在的參進者利用這些資源，那麼所得就不會完全消散（Cheung, 1970）。於是，原始農業因其必須組織起排他性的共有財產（exclusive communal property），從財產權的效率來看優於狩獵。無法想像第一批農民會不拒絕外來者分享其勞動的成果。此外，群落可能是一個相當小的團體，它很容易監督其成員的活動，以確保團體行為不致過度使用為該集團所共有、保護的稀少土地資源。因此，原則上群落至少能以規則、禁忌和禁令來約束其成員，使其在農業方面生產機會的利用，達到幾乎與建立起私有財產權相當的有效程度。[8]我們將看到，狩獵的共同財 p.82 產權與農業的排他性共有財產權的差異，是解釋第一次經濟革命的關鍵。所以，狩獵部門應根據共同財產資源的架構來考察，而農業部門則是作為排他性的共有財產來處理，以致

---

[8] 經濟學家們解決共同財產困境的辦法，是收取使用費、變成私有財產和執行行為規則。見Smith（1975）。

使其對人類行為的影響接近於私有財產權。⑨

　　分別支配狩獵和農業的兩類財產權性質的差異，對於長期之下技術變動對群落福利所產生的影響，具有很重要的意義。毋庸置疑，史前人類是具有創造性的，在工具發展上的進步，充分證明了這一事實。從工作和實驗中學習，是這一時期的特點。受稀少狀態的刺激而集中精力於一項工作的人，對該項工作越來越熟練，而且發現出更好的工作方式。

　　如果把這些改進運用於存在共同財產權下的活動中，那麼這些變化對長期史前人類經濟福利的影響，將非常不同於把這些改進運用於存在排他性共有財產權下的活動時所產生的影響。短期的影響也是如此。可以提高人類狩獵生產力的技術變動，將在一開始使狩獵的報酬相對大於從事農業的報酬（即狩獵勞動的機會曲線，圖 1 中的 VMP_H 曲線向外移）。[3] 農業的技術變動，使得 VMP_A 向上移也有同樣的結果，因而使農業成為相對報酬較高的工作。然而，從長期來看，從事農業所增加的報酬仍會維持，但狩獵方面增加的報酬，卻因增加勞動對資源基底的影響而消散。狩獵勞動的機會曲線起初向外移，會吸引更多資源投入狩獵中，從而使共同財產的動物存量加速枯竭，終將導致曲線移至原來位置的

---

⑨　儘管沒有證據證明，在舊石器時代大型動物（megafauna）的生活地區存在有財產權，但在後來的時代，狩獵者之間曾普遍努力建立這種權利，見 Smith（1975）的前引文。衡量和執行這種權利的成本，與當前捕鯨的情況很類似。

3　原書誤寫為 VMP，譯文已經修正。

左邊。狩獵和農業的不同類型的財產權，使技術變動必將逐　p.83
漸導致勞動向農業部門轉移。⑩

V

　　分析中的另外一個關鍵因素，就是關於人類史前時期人
口表現的一個假說，顯然，地球上的人口數量是隨著時間而
增加，但這種增加並非連續的，也不是按固定速度增加的。
其長期的趨勢是向上，但這種趨勢並不平均，有時甚至會中
斷。全盤地解釋人類人口的波動，不是我在此的任務。然
而，詳細說明這種解釋所包含的一些基本因素，對於我們的
目的而言是有必要的。

　　簡單地計算一下最初一百萬年間人口的變化，可以看出
非常緩慢的成長率。但人口顯然在成長。因此，縱使由於氣
候變化可能使人口下降，人口出生率仍趨於超過死亡率，⑪
只要生活標準高於一定水準，就會出現人數增加的趨勢。儘
管有一些因素週期性地提高死亡率，人口趨勢一直是上升
的。這種論點正好和人類學家所觀察到當代之石器時代部落
的人口數量是穩定的結果相反。另外，這類部落所維持的人
口水準，似乎都在足以破壞資源基底的水準之下。這些當代

---

⑩　觀察這一過程的另一種方式是，狩獵技術的變化會降低狩獵的私人成
　　本，提高開發共同財產的速度，從而加劇這種資源的過度開採。

⑪　見 Ansley Coale, "The Human Population"（1974）一文。

的發現向人類學家和考古學家指出，上述關於人口動態的觀點是不正確的，應予以推翻，而代之以另一種假設，即史前人類趨於維持自動平衡的人口（a homeostatic population）。

　　從現代的石器時代部落來類推他們在歷史上的先驅，有若干困難。讓我們考察一下建立和維持自動平衡人口所需的條件。第一，資源存量必定是固定的，以致人口增加會出現報酬遞減。第二，必須存在對資源的排他性共有財產權，以便消除敵對團體之間的競爭。第三，必須建立資源使用的若干公共管制形式，以便管制團體中成員的經濟行為。

p.84

　　第一個條件必須成立，否則人口的增加，對於團體來說是無成本的——因而，團體沒有理由限制人口。如果要避免共同財產權，那麼第二個和第三個條件也是必需的。現在假設，一個群落從事開採一種共同資源，並成功地把人口限制在對資源不構成威脅的水準。然後假設另一個群落出現了，並想分享這一資源。第一個群落排除第二個群落的能力，定然是第一個群落人口規模的函數。一個群落人口越多，成功地排斥其他群落的機會也就越高。因此，當兩個群落相遇時，不對人口進行限制的群落，通常能戰勝這樣做的群落。自動平衡的人口，只能在於那些與世隔絕的部落中。實際上，今天所發現的人口自動平衡的部落，往往就是在遠離其他對手的地方。⑫

　　史前人類的世界裡，那些根據鄰近的資源基底而調整人

---

⑫　現代殘存者的討論，可見於 Binford（1968）。

口規模的群落，終將被那些鼓勵壯大而擴增人口的群落所淘汰，縱使這表示群落必須遷徙和分化。因此，史前時期人類的人口乃內建於其行為之中，一旦生活水準允許，人口會集體趨於成長。

VI

現在讓我們根據考古學家和人類學家所提出的證據，來看看這一模型。人類生活在小規模的群落裡，準備隨時在當地的食物供應減少時遷移。小孩和老人都是負擔。當動物被獵完以後，群落遷移時，人類會住在他們所能找到的任何自然棲身之所。雖然曾發現一些半掩埋式的小屋，但極少有證據顯示出永久性的村莊。隨著一百多萬年來人類狩獵史中人口的成長，群落分化又再分化，並且為尋找食物而遷移。最 p.85
初，人類捕獵較大的動物。已經發現許多有大量骨頭的屠場，這顯示人類使用過把大型動物逼下懸崖的狩獵技術。很可能，人類捕殺大型寒帶動物的能力不斷提高，如向北逃的長毛象和長毛犀牛，從而使這類動物在兩萬五千年前至一萬兩千年前之間滅絕。[13]大約三萬年以前，人口擴張使人類跨越白令海峽（Bering Strait）從亞洲進入美洲。此後，他們就在這塊大地上四處遷移。在人類出現的同時，一些大型動物種類消失了。

---

[13]　關於這種現象的經濟分析，見Smith（1975）。

　　讓我們把這個很普遍的描述，納入我們的經濟架構中。最初，在這個世界上，人類賴以為生的動植物供給似乎是無限的。當某個地區人口的擴張，威脅到食物供給時，群落就會分化並遷移到新的地區，於是逐漸分出一些新的團體。人類學家把這一過程描述為開放移植系統（open-donor system）。就模型而言，在這個世界上，每個新增勞動力的報酬是固定的，以致人口成長導致產出也呈等比例增加。只要有相同生產力的空地可供新增人口開發，這個固定報酬的世界就會繼續存在。只要這個條件存在，就不會有誘因試圖界定對動植物的排他性所有權。然而，我們可以想見，那些身處人口界限之內的團體，一開始就會在群落的人口與資源基底之間，發展一種穩定的關係，因為他們被其他群落限制住了，以致沒有辦法擴大資源。這樣的人口團體所試圖形成的正是一種自動平衡關係，這種自動平衡關係，就是人類學家用來描述當代原始社會中的現狀。這些群落往往用禁忌、殺嬰兒和其他各種手段，試圖維持人口與資源基底之間的關係不變。再者，我們應該可以想見，這些群落企圖建立一套慣例和規則來管制狩獵活動，以便能維持穩定。由於上述討論過的原因，這種企圖註定要失敗：自動平衡的人口只存在於與世隔絕的群落中。⑭

p.86

　　一旦人口擴大到資源基底被充分利用的程度，那麼人口進一步增加，就會導致狩獵採集勞動的邊際產出下降。不

---

⑭　在中美洲，大範圍的革命大約發生在西元前五千年以後。

過，只要有競爭部落和共同財產資源的特性，人口就會繼續
成長。我可以用前面的圖1說明這種結果。人口擴張到 q_d
時，不會引起資源基底存量減少，但人口繼續增加就會導致
報酬遞減。大型動物日漸稀少，人類漸漸地被迫在更低等級
的動物中尋求新的食物來源。我們知道，大約從西元前兩萬
年起，人類就開始調適自己去吃不同的動植物（Flannery,
1969）。這一時期本身只是一個過渡階段，因為當人口壓力
繼續增大，而且為了共同財產資源而繼續競爭，這些資源就
會日漸稀少缺乏，並使得相對上獲取資源的勞動時間「成本
高昂」。

　　史前人類解決其所面臨的共同財產困境的辦法，就是建
立排他性的共有財產權。當動植物相對於人類人口的需求還
算充裕的時候，就沒有誘因去承擔建立財產權的成本。只有
在稀少性增強的過渡時期，才漸漸值得去承擔建立和執行財
產權所必需的成本，使財產權能夠限制開採資源的速度。

　　財產權演變的歷史過程，首先包括排除外來者獲取資
源，然後是制訂規則限制內部人員開採資源的密集程度。正
如佛藍納里所指出的（1968，頁68）：「據我們所知，地球
上還沒有一個人類團體，原始到不知道植物與長出植物的種
子之間的關係。」根據圖1，當人口達到 q_c 時，再增加勞動
到種植和放牧中能有更高生產力。在達到這一點之前，當狩
獵的邊際報酬遞減時，更多的勞動就會被用於採集。時機到
了，合邏輯的作法是，群落努力找到一塊天然肥沃的地區定
居下來，並阻止新的部落前來。於是，生活在邊界以內的群 p.87

落越來越固定。當這些群落的人口成長時，該地區自然資源開採的密集程度就會加大。

　　有趣的是，上述引言所描述佛藍納里的觀點，使得一些人類學家和考古學家懷疑，最初的動植物馴化並不是發生在那些動植物自然豐富的地區。相反的，他們認為馴化會先發生在那些自然收穫較不豐富的地方，因為如果人類能夠採集到足夠的野生小麥，他們就不會辛苦地去栽種小麥。哈蘭與佐哈里（Harlan and Zohary, 1966）指出：「人何必在那些野生穀物茂密有如耕地的地方種植穀物？……種植活動可能發源於野生穀物豐富地區的鄰近地區，而不是發源於野生穀物豐富的地區。」[15]這種論點忽視了人口成長壓力和共同財產權問題所帶來的根本困境。更可能的是，人類發現了一些野生穀物充裕的豐饒地區，就能用鐮刀直接收穫，於是開始保護這些地區防止侵犯。因此，我們可以採用培洛（Jean Perrot, 1966）的觀點，認為集約的野生穀物開墾，是在巴勒斯坦地區半定居的納吐夫文化（Natufian culture）。進而推測，那些集約的野生穀物開墾很可能是邁向展開馴化的一個步驟，而並非有別於在邊緣土地上播種的另一種方式。[16]

　　有關納吐夫文化耕作的證據顯示，很可能農業是和狩獵並存的一種選擇。世界各地農業的獨立發展，和農業向西北緩慢擴散至整個歐洲等事實，似乎與這個假設相符合。

---

[15]　Harlan 和 Zohary（1966，頁 1074－1080）。

[16]　Perrot（1966）。

但值得注意的是，即使從事耕種和放牧必須有新知識，認為
排他性的財產權會加強獲取新知識之誘因的這一觀點，也沒
被推翻。本節所勾勒的解釋，既可以當作轉向已知的選擇
的故事，也可以當作是群落建立起豐盛之野生穀物的財產
權，而由此產生獲取種植和馴化知識的誘因的故事。很可　p.88
能第一步是建立排他性的疆域，即如現代一些原始群落和
部落中所發現的。戴姆賽茲（Demsetz, 1967）引用人類學家
李考克（Eleanor Leacock）的觀點，描述蒙塔格納印第安人
（Montagnais Indians）建立排他性的水狸捕獵疆域，以因應
哈德遜灣公司（Hudson Bay Company）日益增強的需求。⑰
建立對植物和非遷移性動物的排他性疆域，花費的成本相對
較少，但建立對遷移性動物的疆域，成本則要大許多。一旦
確立起排他性，開荒、原始灌溉和選種，都會在邊做邊學和
嘗試錯誤（trial-and-error）的過程中逐漸展開。開墾的生產
力將因而提高，農業勞動的邊際產值會上升。

　　種植與馴化的差異很小。後者意味著從基因方面改變動
植物，以提高它們對人類的價值。⑱史前史兩個著名的例
子，就是二粒小麥和單粒小麥（emmer and einkorn wheat）
以散落形式演變為非散落形式，以及野羊變成一種更安靜、
更馴服的動物。這兩個馴化事例可能都是選擇過程的意外結

---

⑰　然而McManus（1972）的解說認為，群落生存的需求克服了個人內部配
　　置。Smith（1975）描述了許多人類學方面關於原始財產權的研究。
⑱　關於開墾和馴化的討論，見Isaac（1970）。

果。但是在排他性財產權下，由馴化所產生的報酬，會鼓勵選擇種子和動物的嘗試錯誤。

這裡並不意謂從狩獵向農業的轉變發生很快。考古學家們所累積的證據指出，這種轉變需要很長的時間。轉變的發生是持續的人口壓力，導致史前人類所開採資源的相對稀少性發生變化。為了因應這些發展，個別的群落開始設法排除外來者分享資源基底。在這一過程中，這種群落就定居下來。排他性共有財產權的建立，使群落提高資源基底生產力的報酬提升了。許多團體可能無法完成這種轉變，但有些則因機遇完成了這種轉變；是從這裡開始，我們看到一萬年以來文明的發展和經濟的成長。

p.89

第一次經濟革命之所以是一次革命，並非因為它使人類的主要經濟活動從狩獵採集轉成定居農業。它之所以是一次革命，乃因為這種轉變為人類帶來誘因上空前巨大的改變。誘因的改變，出自兩種體制下不同的財產權。當某些資源存在公共財產權時，很少有誘因去獲取較多的技術和知識。相對的，排他性財產權讓所有者得到報酬，從而提供直接的誘因去提高效率和生產力，或者更根本的，促進獲取更多的知識和新技術。誘因改變，解釋了過去一萬年人類所創造的快速進步，截然不同於人類在漫長的原始狩獵採集時代緩慢的發展。

第一次經濟革命在
組織上的後果

I

　　從定居農業的興起，到羅馬帝國的鼎盛時期，大約橫跨了八千年。這個時期的時間雖長，相應的證據卻不豐富，我們通常認為這些年代裡盡是接連不斷的王朝和帝國，而整個文明在戰爭、叛變、造反和謀殺之中興起與毀滅。不過，還有一些更世俗的發展奠定了這些社會的基礎；儘管證據不足，仍有可能重構其中的某些發展。我們特別想了解的是支撐文明和維繫大帝國生存（其中一些帝國延續幾個世紀）的經濟結構。我們也想更了解帝國的衰亡，而不僅限於知道大戰役、攻城掠地，以及居民死亡或被俘等故事。

　　讓我明確地勾畫出一些問題。在第一篇中，我主張一個經濟體系的成就取決於其組織結構。我現在要研究的這八千年裡，出現過許多各式各樣的經濟組織，其中大部分不同於我們現在所熟悉的經濟組織。例如，在現代世界中，產品和 p.91

勞務及生產因素的配置，是用市場完成的；在大部分古代時期，有組織的市場並不存在。什麼樣的組織取代這種市場的地位呢？存在什麼類型的財產權，以及交換是如何發生的？如何解釋政治經濟單位的規模和政府組織所採行的不同形式？最重要的是，這些制度產生了什麼經濟表現的後果？曾經發生過經濟成長嗎？

　　專門檢視政府的演變之前，我要在下一節整理一下這一時期裡經濟的結構和成就的大趨勢。正是「暴力潛能」在政治經濟單位內部彼此間的分配，對古代世界的經濟結構和經濟成就產生最重要的影響。儘管地理的限制，使國家的生存規模和生存能力方面產生各種不同的結果，這些限制必須和軍事技術的特性融合在一起，才能解釋所出現的內部控制結構，以及所造成的財產權結構。在第三節，我簡要地討論政府的演變。然後，第四節至第七節，我大致上按年代順序（有時交錯）考察埃及新王國（New Kingdom）的集權式政府和分權式的波斯帝國、希臘城邦及此後的羅馬共和國與帝國。在各個情況下，我都會簡要地描述一下其造成的經濟結構。最後一節則評估古代世界整體的經濟表現。

II

　　在橫跨古代八千年的期間裡，可以確認出一些大趨勢：

　　（1）很明顯的，人口在成長，而且是依前所未有的速度在成長。人類定居的區域也在擴大。例如，地中海周圍的區

域在這期間人口變得十分密集。

（2）逐漸從狩獵採集向農耕轉變。長時間之後，定居農業成為主要的經濟活動。

（3）國家的政治組織首度出現。這一時期政府所採取的p.92形式多樣且差異甚大，從專制到民主都有。但是，儘管形式多樣，每種形式都擔負了政府的職責。政府的出現伴隨著戰爭和政治的不穩定。國家的規模一直在擴大，直至整個西方世界為羅馬帝國所統一為止。

（4）在技術發展方面有顯著的進步，在八千年的時間裡，繼銅器時代（Bronze Age）之後又出現了鐵器時代（Iron Age）。

（5）貿易得以發展並且擴大。尤其是地區間貿易在這一時期，成長為重要的活動。最終出現了非人情的市場，並且逐漸使用於資源配置。

（6）首次出現城市的發展。城市的規模和功能的複雜性都擴大了，並且遍及整個地中海地區。

（7）各種經濟組織形成。蘇美（Sumer）、埃及和邁錫尼希臘（Mycenaean Greece）的重分配經濟代表一種極端，而古希臘（Hellenic Greece）和羅馬之定價市場的擴展，則代表另外一種極端情形。

（8）有各種財產權奠定各種經濟組織的基礎。起初最早的農業社區建立了排他性的共有財產權；在某些地區，這類財產權已為排他性的國有財產權所取代，而在另一些地區，則被個人私有財產權所取代。在建立個人私有財產權的地

方，這些權利的發展及於產品、土地和奴隸形式的勞動。

　　(9)出現快速的經濟成長。經濟成長的一部分利益被用來支撐人口的成長，有一部分提高一般生活水準。

　　(10)所得分配明顯變得不均，很早就呈現出極大的貧富差距。

　　我要更詳細地檢視這些趨勢。首先我要將狩獵採集社區的組織特性，和定居農業所要求的組織特性做一比較。狩獵採集社區是由一個掠奪食物的群落所構成。群落的成員一起狩獵，並且大多數是以家庭為單位。除了狩獵活動中的協調以外，幾乎不需要組織。相對而言，群落成員之間很少有差異——按照我們的術語是，所得分配非常平均。

p.93　　相對的，定居農業（settled agriculture）需要更複雜的社會和經濟組織。最重要的是，為了阻止非社區成員分享由社區行動所生產的產品，必須建立排他性的財產權。在動植物之上建立這樣的一套財產權，涉及某種形式的社區防禦。

　　成功的農業必須決定種什麼、何時種、何時收成，以及如何處理種植和收成之間所需的各類工作。除了這些任務的決定以外，必須做的重要決定還有該由誰來執行這些任務，以及必須實施某種制度，以確保完成各個分派的任務。定居社會還有貯存產品，以度過饑荒和旱災的機會。安置產品的存貨，必須靠協調和增建貯存設備。一個制定與實施共同決策的組織，絕對是一個農業社區得以生存的先決條件。

　　如果早期的農業就用到了灌溉，即如在巴勒斯坦、埃及和兩河流域地區考古遺跡所顯現，則組織問題就更複雜。必

須獲得灌溉系統所需的資本；水道需要開鑿和維修；有系統地組織排水工作；並且要安排好渠道和水閘，使水能分配到灌溉的地區。

定居農業涉及任務的分工。在狩獵採集社會，專業化僅限於簡單角色的分派。狩獵通常由男人來做，而採集則由女人來做。相對的，定居農業有更複雜的分派。早期農業的成員中，有些人專門提供保護；也有其他人擔任祭司，使人的地位與周圍環境的關係「合理化」。在農業社區內部出現新的職業。到西元前兩千年，手工藝的專業化已很發達。陶工、金屬工、紡織工、泥磚工、木匠、造船匠、銅匠和金匠，都是邁錫尼文化的銘文中列出的專門職業（Renfrew，1972，頁341）。這樣的專業和分工，表示從狩獵採集所形成的相對無差別社會以來，發生了重大變化。一個由專業化個人組成的社會，需要在人們之間建立一種分配社區產出的機制。p.94在狩獵採集的社會，這是一項相對而言很簡單的工作，但在一個存在專業和分工的社會裡，則涉及更多的協調和決策。

因此，農業社區面臨的決定生產什麼、如何生產和為誰生產等問題，要比狩獵者和採集者群落所面臨的問題更複雜。必須建立一些方法來組織共同防衛；抵禦饑荒；決定生產什麼、何時生產和如何生產；管理和協調生活中必然日益增加的專業化；以及在人們之間決定日益增多的各種產品的分配。

發展出來的制度，可能並不是從頭創建出來的，而是由較簡單的游牧群落的共同決策機能演化而來。這樣一種機

能，並不會給剛出現的農業社區帶來嚴重的問題。因為農業社區的規模不大，每個成員都能知道自己在社區中的利害關係。這社區裡決策的成本往往很小。即使發生逃避責任的行為，也很容易被發現。

　　然而，一個農業社區的成功，往往會給原來共同決策的機構帶來壓力。農業生產力隨著時間而趨於增加，貯存食物的能力會減低農作物歉收所造成的損失。這兩種變化都有利於人口成長。接著，成長的人口既會提高共同決策的成本，又會加強個人逃避社區分派任務的誘因（因為對逃避責任的衡量會更花費成本）。成長的社區也會提高協調生產決策和分配社區產品的成本。

III

　　國家的出現，是古代世界最主要的成就，因其具有建立內部結構秩序的規則，以及執行那些規則和對抗其他國家的強制力。本章的焦點在這一成就的正面意義：國家的建立，在發展複雜的文明和古代世界的快速經濟擴張中所扮演的角色。下一章的重點則放在國家固有的不穩定性，以及最終無可避免地吞噬每個國家的衰落。

p.95

　　儘管考古學的證據不斷提供有關早期城市遺址的新證據，如杰里科（Jericho）[1]可追溯至西元前八千年，安納托利

1　位於中東的約旦河西岸。

亞（Anatolia）的加泰土丘（Catal Huyuk）[2]則早至西元前六千年，而農業的出現與美索不達米亞地區的蘇美和阿卡德（Akhad）平原「城邦」（city-states）的興起，以及埃及最早的朝代之間還相距四千年。[1]不管國家是起源於契約還是武力，創造能夠產生出長存的政治結構的制度組織，乃是漫長的過程。宗教在使統治者的強制力合法化具有關鍵作用，這些早期的國家可稱為寺廟社會（temple societies）；埃及的法老既是統治者，又是神。國家的規模擴大了，到西元前2350年，沙岡（Sargon）[3]已降低美索不達米亞地區城邦的重要性，並創立一個集權政府。到西元前3100年，上埃及和下埃及也已統一。在這兩個例子中，地理因素對形成發展和決定國家規模變化是很關鍵的。兩者都依賴灌溉系統，必須有決策地統一與協調；這種系統的不可分割性，促使國家規模擴大，但其有效規模在各種情況下並不相同。在美索不達米亞地區，規模經濟無疑促使了超越單個城邦範圍的統一，但這要比埃及的情況有限得多。在埃及，整段平坦的尼羅河河谷乃是一個自然單位。其他主要的地理差異在於，埃及處於沙漠和水域之中，阻擋了入侵者，一直到第十二朝代末期希克

2　位於小亞細亞今土耳其內。

①　在印度河流域，西元前2500年之前就出現了莫亨柔－達羅（Mohenjo-Daro）和其他城市。

3　阿卡德國王。於西元前2400至2300年間征服了蘇美，建立了阿卡德王朝。該王朝統治美索不達米亞的大部分地區達一百五十年。

索人（Hyksos）[4]入侵之前沒有被征服過。相反的，美索不達米亞反覆受到印歐人（Indo-Europeans）（西台人〔Hittites〕）和閃族人（Semites）（阿莫里特人〔Amorites〕）的入侵和騷擾；結果，相繼出現許多位統治者和各種規模的帝國。更重要的是，這種政治經濟組織形式已脫離埃及之類的寺廟經濟，而埃及的經濟一直由全能的法老主宰。

p.96　　從巴比倫的漢摩拉比（Hammurabi）執政時期（西元前1792－前1750年）到波斯帝國（西元前550－前331年）之間，雖有一千多年的時間，但隨著塞魯士（Cyrus）大帝[5]統治該帝國開始，這一政治經濟單位的規模擴大了許多，從愛琴海延伸到印度河之外。在大流士（Darius）（西元前521－前466年）統治下，帝國分為二十個省或行政轄區，每個省都有自己的總督、法院和財政機關。

　　古希臘文明最終與波斯文明發生了衝突，並在亞歷山大（Alexander）的統治下征服波斯帝國，展示了一種截然不同的結構。希臘政治經濟組織的核心是城邦。由於地形上是大海環繞的崎嶇山區零散分布著小平原，正適合小規模城邦的生存。儘管雅典城邦有大約一千平方里的領土，斯巴達城邦有大約三千三百平方里的領土，但大部分希臘城邦幾乎都不到四百平方里。如果說希臘的統一是指信奉共同的祖先，有

4　大約發生於西元前1800年。

5　統治期間為西元前559至前530年，擴張帝國土地，並且發表過歷史上最早的人權文獻。

共同的語言和宗教，使用共同的神諭和共同參與希臘運動會，那麼希臘式的競爭則是城邦之間的敵對所造成的。即使波斯人在西元前481年入侵，也沒有使它們完全統一。普遍的競爭，導致無休止的聯盟和內戰。這種競爭在雅典和斯巴達之間發生的伯羅奔尼撒戰爭（Peloponnesian war）[6]時達到高峰（但並不是終點）。直到西元前338年，馬其頓的菲力浦（Philip of Macedon）才強行統一了希臘，他的兒子亞歷山大[7]在他死後建立了古希臘世界和帝國。正當希臘文化被強行加諸波斯帝國和埃及法老社會之際，位於西方的羅馬人還在對強大的迦太基帝國進行殊死的鬥爭。羅馬人勝利以後，首先建立了東地中海的霸權，然後在基督誕生後的兩個世紀內，羅馬帝國完成統一。

數千年的趨勢很清楚：國家變大了。然而，對於整個時期裡規模變化的解釋則仍很不清楚。水利社會可以解釋埃及的統一，也有助於解釋美索不達米亞城邦的發展，但我們必須提出軍事技術方面的考慮，才能解釋更大的政治經濟單位的生存能力。馬匹、弓箭、戰車和士兵方陣相繼改變了戰爭

6　指雅典率領的城邦帝國，對斯巴達領導的伯羅奔尼撒聯盟之間的戰爭，期間為西元前431年到前404年，歷經數個階段，戰爭對雅典的經濟影響重大，使其原有的優勢不再。戰後形成雅典與斯巴達勢力相當的競爭狀態。

7　（西元前356－前323年）繼承父親菲力浦（西元前382－前336年）所建立包括希臘的馬其頓政權與領土基礎，擴大征服各地，建立了包括埃及、波斯與中亞的亞歷山大帝國。因突然死亡，繼承發生嚴重問題，帝國在他死後便無法維持。

p.97　技術。儘管軍隊的規模無疑擴大了，但希臘人凌駕波斯人的
優勢指出，軍隊規模超過臨界的最低水準之後（色諾芬
〔Xenophon〕[8]所說的一萬人的分列式，就是一個突出的例
子），紀律和組織就能代替規模。

IV

　　埃及悠久的王朝歷史，為法老對貴族所占的不同程度
優勢做了見證；然而，從西元前1580年開始的新王國時
期（New Kingdom），提供一幅埃及集權式政治結構的經典
畫面。[②]儘管法老在理論上仍然像舊和中王國[9]一樣是神，
但他在新王國的權力是基於他對政府機器的絕對控制：立
法、司法、軍隊、督察，「顯然還有教士」（《劍橋古代史》
〔*Cambridge Ancient History*〕，1970，第2卷，頁314）。國
家的行政是一個嚴密組織的連鎖命令，而且分為北部和南
部兩個部分，每個部分都有自己的大臣（vizier）和司庫
（treasurer）。大臣直接負責管理各地的經濟活動。城市和周
圍農村地區的長官直接向大臣負責。產品、所得和收稅的監
察由司庫負責，他們雖然一般受到大臣監督，但自己也保有

8　（西元前430－前354年）古希臘史學家，蘇格拉底（Socrates）的學生。

②　以下的描述引自《劍橋古代史》，第2卷，第1篇（第3版），第9章。

9　（Old and Middle Kingdom）古埃及歷史分期約為舊王國（西元前2686－
　　前2181年）、中王國（西元前2055－前1650年）與新王國（西元前
　　1550－前1077年）。

廣大的組織。與財政機關有密切關係的人，是看守穀倉和家畜的管理者，在他們之下有會計負責每年對穀物和家畜進行普查。

經辦稅收的官員是所謂「農地書記和兩地之主」（Scribe of the fields and the Lord of the Two Lands）（《劍橋古代史》，1970，第2卷，頁359）。每年的稅是以法老的名義對勞動者的產出徵收；「勞役」（labor）一詞也是稅的一種說法（《劍橋古代史》，1970，第2卷，頁381）。稅收由佃農和管理經濟活動的人來負擔，他們為使自己獲得些盈餘，設法使收入超過法老所要求徵收的。稅收以實物徵收。例如，收穫稅就是徵收麥子（emmer and barley），徵收的比率就是根據「農地書記」所評估每塊土地的生產力而定，農地書記 p.98 每年都要對土地進行重新調查和評估。類似的監控和徵稅在每種生產上都有，甚至對野外的獵物也要徵稅。外國土地要繳納貢物；對航道徵收通行費；而關稅又進一步增加稅收。此外，社區還要為所有政府官員提供食宿；陸軍、海軍和治安部隊，也可以向各地徵用一些供應（這些數額會從稅收中扣除）。法老也直接擁有大量地產。

新王國時期埃及的軍隊，是一種職業性的常備軍，這是向希克索人學來的。軍隊的戰力分別有戰車、弓箭、重型銅斧、劍和矛。戰爭和軍事策略是職業軍官訓練計畫的一部分。在圖模希斯三世（Tuthmosis III）[10]的統治之下，新王國

10　其名也常寫成 Thutmosis III，統治期間為西元前1479至前1425年。

鞏固且擴張至努比亞（Nubia）和蘇丹（Sudan）北部的控制範圍，並且征服了敘利亞南部。以上對第十八王朝政治管理結構的說明，就是埃及在最成功、最有效率時期結構的一幅簡短素描。這個社會裡只有唯一的絕對統治者，各種財產最終都屬於法老，沒有任何代替者在臣民之中取代法老的地位（譬如像中王國時期法老與貴族之間的競爭），高度集權的官僚體系被用來監控及考核產出，以使統治者的租金極大化。這種結構的一般骨幹是如此堅實，以致當亞歷山大死後、波斯王國解體時，托勒密王朝的埃及（Ptolemaic Egypt）（帝國的一部分）只是簡單地把希臘的規則附加在它所繼承的集權式管理結構上。③但是，托勒密又引進另外一種監控方法，即要求包稅人（tax farmer）為行政官員所徵收的數量背書。包稅人要補足差額，也可把盈餘占為己有。結果，對行政官員構成一種有效的制約（Rostovtzeff，1941，第1卷，頁328－339）。[11]

　　在新王國及其以後的埃及經濟，財產權最終是屬於法老的。那時，似乎也有一些土地私有權。寺廟擁有（也可能僅 p.99 是使用）大量財富，並控制廣大的土地，但是整個經濟結構的頂端只有一個人。國際貿易實際上由政府壟斷，主要由法老的代理人進行；內部經濟組織是一種階層結構，或者直接

---

③　見Rostovtzeff（1941），第1卷，頁271－331。

11 「包稅制」（tax farming）是羅馬帝國在殖民地實施的一種很有特色的稅制。羅馬帝國將殖民地的徵稅權交給「包稅人」，換取立即的收入，讓「包稅人」收取長期的稅收。

由法老的屬下，抑或間接靠官員組成的官僚組織（前一節簡要描述過）把收入匯集到法老手上。

由於農業總產出依賴每年對尼羅河洪水泛濫的控制，所以灌溉系統的建設、維修和有效運作，不僅在一年的某些季節占用總勞動力的很大一部分，而且也有相當大部分的官僚階層用於監視它的有效運作。

殘留下來的紀錄很難確定奴隸的數量、勞務的確實形式，或者徭役似乎就是要求所有勞動去收穫作物、整修灌溉系統、建築大型的公共紀念碑和建築物；總之，經濟中的勞動顯然具有奴役的角色。農民儘管在技術意義上是自由的，並能擁有一些財產的所有權，但也要為政府或寺廟提供勞役。一般說來，所有勞動者都以實物形式得到報酬。似乎確實存在一些小型零售市場和地方貿易。儘管沒有流通媒介，但是有金、銀和銅的重量換算比率，可以當作記帳單位。

雖然韋伯（1976）曾描述僵化的階層結構逐漸鬆弛，其中包括自由勞動的成長，個人土地所有權的增加（雖然還是有其義務），以及貨幣經濟和國內貿易的擴大（Weber，1976，頁126－130），但是羅斯托夫采夫則認為，直到托勒密王朝，基本的階層結構根本上並沒有改變，希臘人只是設法用各級代理人，以減少租金消散，使它更有效率（例如，用包稅人：Rostovtzeff，1941，頁271－322）。

應該注意，雖然在托勒密王朝時代，亞歷山卓城（Alexandria）逐漸成為西方世界最大的城市及學習、文化中心；但是，亞歷山卓城當時並不是埃及整體的部分，而是一

個城邦,「它的表現就好像一個獨立的、自治的希臘城邦」
(Rostovtzeff,1941,頁415)。

p.100
V

　　埃及是一個同質社會,波斯帝國則是一個由各種宗教、
經濟和政治單位所組成的高度分權帝國的巨大混合體。[4]波
斯人處於政治軍事的核心。由七個貴族家族的其中一員出
任「大帝」(great king),「大帝」的顧問和行政幕僚基本上
由波斯貴族組成,常備軍主要是波斯人軍隊。帝國被分成二
十個轄地,每一個地區都擁有實質的但差別很大的自治權。
通常這些轄地有自己的法院、民政機構和司法權,它們甚至
還接待鄰國使者。地方總督(satraps)或地方長官都由出身
高貴的人擔任。有時,以前獨立王國的統治者成為事實上的
世襲地方總督,其家族的統治可以代代相傳。為波斯統治
者收取租稅或貢賦,乃是地方總督的任務。根據希羅多德
(Herodotus)的看法,納貢的數目各不相同,印度的貢賦為
四千六百八十塔倫(talents)砂金,亞述(Assyria)和巴比
倫(Babylonia)王國交一千塔倫,第七轄區(位於印度和大
夏〔Bactria〕之間)交一百七十塔倫。此外還有實物稅,包
括土地稅和通行稅。這些款項主要用於維持軍隊、皇室、地

---

④　這一說法主要來自《劍橋古代史》第4卷,第7章和Rostovtzeff(1941),
　　第1卷,頁77－90。

方及其下屬官員的生活。

　　波斯帝國的異質性，具備對於不同宗教和不同經濟組織的包容。分權式結構的功能既是波斯帝國的成功之處，同時也是它的內在弱點。成功的原因在於，任何想把統一的集權結構加於各個不同單位之上的企圖，都要付出高昂代價——的確極不可能。包容宗教和積極採納地方宗教，是一種非常重要的穩定力量。例如，大流士使用與埃及的雷神（Re）有關係的自稱，目的就是為了使波斯人對埃及人的統治具有一種合法成分，從而減少執行成本。

　　重組互相分離的經濟組織會造成混亂，並導致稅收嚴重損失。相反的，和平的局面和寬廣的內部市場，對於現存的p.101經濟非常有利，只是有沉重的賦稅納貢為代價。其弱點在於，總督制創造了一些取代統治者的競爭，諸王之王（King of Kings）面對的長久問題，是設計監控辦法來預防和阻止獨立。波斯部隊的定期巡視和駐防，不受地方總督控制。但半自治性的總督制一直是敵對與暴亂的溫床，最終也成了波斯帝國崩潰的禍根。

　　羅斯托夫采夫把波斯帝國的中心波斯城描繪成「封建式和部落式的」（1941，頁77）；巴比倫王國貫徹來自漢摩拉比時代官員和祭師組成精細官僚體系的古代傳統，但這種古代傳統以土地私有權、商人、財主和廣泛的長程貿易為基礎，而延續了經濟繁榮（1941，頁78－79）。那時還有腓尼基（Phoenicia），它具有悠久歷史的航海和殖民系統，並且擁有比布魯斯（Byblos）、烏格里特（Ugarit）和阿爾米納

（Al Mina）這些繁榮的港口。小亞細亞的希臘城邦具有類似
於雅地加（Attica）和伯羅奔尼撒（Peloponnesus）的政治經
濟結構。在敘利亞和阿拉伯沙漠中，有游牧的貝督因
（Bedouin）部落。此外，還有里底亞（Lydia），它早在西元
前七百年就用模壓琥珀金（electrum，一種金銀混合物）製
造最早的金屬貨幣以供流通。另外，還有遠東和埃及的地方
總督。用羅斯托夫采夫自己的話來說：

> 這就是偉大的波斯王朝——是由不同的經濟個體組成的
> 混合體，也是一個控制在波斯國王手中的經濟整體。國
> 王從不放棄把帝國裡互相分歧的部分合在一起的艱鉅任
> 務。波斯國王的成功，主要來自於良好的分權化政策。
> 他們很少干預地方轄區（satrapies）的社會經濟生活。
> 同時，波斯國王也提供給地方總督所需的軍事保護，以
> 及發展經濟關係與進行商品交換的新良機。順暢的「皇
> 家」驛道把波斯帝國的各地連在一起，新的海路（例
> 如，從印度河口至紅海和尼羅河）開闢出來了。質地優
> 良又統一的「皇家」金銀貨幣，促進產品的交換。地方
> 轄區雖然要交納重稅，但基於地方轄區並非獨立的國
> 家，以及其歸屬於龐大帝國所得到的好處而言，並不過
> 分。

> 波斯享有富國的聲譽並不令人意外。我們無法衡量波斯
> 的財富。波斯國王的富有素已聞名。我們知道他們每年
> 的收入，和儲存在波斯首府的金銀數量。皇家的財富並

p.102

不一定意味著臣民幸福。但是，在波斯時代，腓尼基的城市敘利亞和美索不達米亞的城市，以及巴比倫的日益繁榮證明，統治者的富有是以臣民的富有為基礎的。應該注意到，除了埃及和小亞細亞之外，其他波斯的地方轄區享有至少長達三個世紀的和平，這是古代世界歷史上少有的現象（Rostovtzeff, 1941）。

　　韋伯（1976）在承認形形色色的經濟組織長期存在之時，卻為波斯統治結果描繪了截然不同的畫面。在他看來，那是一個經濟停滯的時期：巴比倫的運河系統在衰敗，腓尼基和希臘的城市並不繁榮，「即使這表示在廣大地區存在和平與統一」（Weber，1976，頁222）。他得出如下結論：「波斯帝國經濟的國有部門缺乏活力，這必定會影響對外貿易。事實上，在這個廣大地區統一的一百五十年裡，經濟發展明顯地陷入停滯（Weber，1976，頁223）。韋伯把這種停滯的原因歸於重稅、徵收體制，以及缺乏政治擴張的必要刺激（Weber，1976，頁222）。無論波斯帝國是促進了經濟成長，還是抑制了巴比倫——腓尼基和愛奧尼亞希臘（Ionian Greeks）的經濟繁榮，在此無法蓋棺論定。這個問題並不是很重要，因為希臘式組織的絕對優勢與希臘人打敗了波斯人，並在亞歷山大的統治下最終征服波斯帝國，這些是古代世界經濟中的主要脈絡。西元前331年亞歷山大死後，古希臘人所統治的帝國把希臘式的結構重疊在古代世界之上，使之終於融合並統一成為羅馬帝國。

VI

希臘城邦的地理條件，使得小型政治經濟單位得以存
在。⑤亞里斯多德（Aristotle）認為，擁有十萬以上公民
p.103 （自由的成年男性）的城邦就不是一個城邦了。伴隨小規模
的問題是生存的需要。在面對無所不在的競爭，和許多鄰近
獨立單位的敵對行為時，要能夠招募足夠的男性人口服兵
役。因此，古典史學家所描述的從貴族城邦到士兵城邦，再
到市民城邦的傳統演變，反映了軍事基礎必須有的擴張（從
少數裝備優良的騎士發展成士兵方陣，在雅典和少數幾個國
家還有配備的海軍艦隊），以及政治基礎從少數向多數的轉
變與民主社會的創建。

在雅典，貴族和農民之間的衝突，產生了改革者（索隆
〔Solon〕[12]〔和暴君（庇西特拉圖〔Peisistratus〕[13]），但到了培
里克里斯（Pericles）[14]時期，雅典已是一個由全體公民大會
進行統治的直接民主制國家，大部分官職（不包括軍事指揮
官）由全體公民中選出來的人擔任。⑥

---

⑤ 這一節取材自 Ehrenberg（1969）、Weber（1976）、Dickinson（1958）、
   Forrest（1966）、《劍橋古代史》第4、5卷和Starr（1977）。

12 （西元前638－前558年）是雅典歷史上著名的改革者。

13 也寫為 Peisistratos，在位期間（西元前561－前527年）是很受擁戴的
   統治者，卻曾經兩度因暴政而被迫下台，而被視為暴君。不過他還是三
   度復位，並傳位給子孫。

14 （西元前495年－前429年）是希臘有名的政治家。

儘管在雅典盛行的是民主政治，其他希臘城邦則是寡頭政治，那裡的貧富之間和債權人與債務人之間的衝突——簡而言之，即財富和所得分配的衝突——與城邦之間的衝突是同樣普遍的現象。

在雅典和一些其他民主制裡，公民參與國家政事：可以擔任陪審團，當然也可以在軍隊中服役。這樣的參與活動需要占用公民大量的時間，公民因參與政治和司法活動，每天可得到兩到三個小銀幣（obols）。儘管自願參與是希臘城邦的一個重要成分，但之所以能夠運行，還仰賴法律和財產權結構從公民以外的人民（奴隸和客籍民〔metics〕——常駐的外國人）獲得收入，從富有者（參加禮拜儀式〔liturgies〕）那裡得到自願捐獻，以及在雅典霸權時期從雅典的盟國取得貢品。在西元前483年，當面臨波斯的威脅時，席米斯托克里（Themistocles）[15]決定把靠奴隸勞動採掘的拉倫（Larium）銀礦收入，從分配給公民轉用於建立海軍艦隊。這不僅說明了雅典城邦財政的原始狀態，而且說明了它的經濟基礎。

然而，城邦在孤立狀態下是難以生存的。在古希臘，無 p.104休止的合作、聯邦、結盟，以及一個城邦與其他城邦一起稱

---

⑥ 相反的，斯巴達仍然是一個有兩位國王的君主政體，由相對少數的市民，以及一個龐大的奴隸人口組成的軍政結構。

15 （西元前524－前459年）是雅典的政治家與將軍，率領雅典海軍為主力的希臘艦隊，在第二次波斯入侵時成功擊敗波斯大軍。戰後，他因與斯巴達交惡，而失去雅典人的支持，終被放逐，離開希臘，最終投效波斯。

霸或獨自稱霸，如同對城邦的控制和財富分配的內部權力爭
奪一樣，都是隨處可見的現象。雅典和斯巴達之間的伯羅奔
尼撒戰爭，只是在無休止的競爭之下，無數衝突中最有名的
一次。

　　在希臘式的國家中，人民的機會成本是受制於生存所必
須的軍事條件。擴大選民基礎是生存的必要條件，並且也必
然伴隨著針對財富分配而展開的不斷鬥爭，這正如與其他城
邦結盟的必要性，終會導致爭奪城邦霸權的鬥爭一樣。希臘
的民主與希臘的奴隸制（或斯巴達的奴隸階級〔helotry〕）
是不可分的，因為構成公民直接民主的政治經濟組織結構，
必須有奴隸作為勞動力去從事經濟的基本功能，以使公民能
夠脫身來從事政治、司法和軍事活動。

　　在邁錫尼希臘崩潰後的幾個世紀中，所演化出來的希臘
城邦經濟，是建立在個人土地所有制的基礎上。那時個人土
地所有制已取代氏族集體所有制。雖然家庭土地（Kleros）
在西元五世紀以前能否轉讓，一直是爭論的話題，但史塔爾
（Chester Starr）認為，有大量證據可證明家庭土地的可轉讓
性（Starr，1977，頁150－151）。索隆的新經濟秩序中的氏
族分化（取代以軍事能力為基礎的古老階級分化，那時能提
供戰馬的人就成為騎士，能把自己武裝起來加入士兵方陣進
行戰鬥的人就成為兵士〔zeugitai〕，而貧民〔thetes〕就成為
勞動者）是以土地占有為基礎。財產等級是基於穀物、酒和
橄欖油的年產量（一單位大約是1½蒲式耳〔bushel〕，等於
8½加侖〔gallon〕），貧民的產量不到二百個單位，兵士的產

量為二百到三百個單位，騎士的產量必須在三百個單位以上，「一級」騎士則要生產五百個單位以上。然而，根據史塔爾的估計，西元前六百年，有大量的雅典公民不擁有土地，或者擁有的土地不夠自給自足（Starr，1977，頁155）。

著名的索隆改革顯示，土地兼併和個人為償債而做苦役的現象與日俱增。索隆和其後的庇西特拉圖對土地財產權所做的劇烈變動，加強了兩個最低公民階級的經濟（與政治）地位（並同時獲得較廣泛的軍事支持基礎）。然而，既然雅典公民的債務奴隸制被廢除了，那麼後來外國人（主要是色雷斯人〔Thracians〕、費里吉亞人〔Phyrygians〕和敘利亞人）奴隸制的迅速發展，就不在意料之外了。這種日益增加的奴隸人口，大部分從事家務、採礦和其他非農業的經濟活動。奴隸在農業中使用的程度，則是一個有爭議的問題。 p.105

在西元前800年到前500年之間，專業化和分工有了明顯成長，結果隨著貨幣經濟興起，國內外的貿易也有明顯成長。[7]日益發展的工藝活動和貿易，主要控制在客籍民手中，而工資和利息似乎基本上不受政府的限制（《劍橋古代史》，第5卷，第1章）。雅典日益增加從黑海進口糧食的依賴，也主要控制在客籍民和外國人手中。那些外國人把跨海借貸也視為國際貿易組織的一部分。

---

[7] 從本書的理論架構來看，貨幣的發展依賴於衡量技術和統治者的利益。John Hicks（1969）提供了一個有關貨幣起源的精彩說明（頁63－68），而這一說明與本書的架構是一致的。他關於城邦對市場興起的重要性的論點（第三、四章），與這裡提出的論點也是一致的。

　　西元前五世紀從波斯被擊敗到伯羅奔尼撒戰爭之間，是雅典全盛時代。在政治上和軍事上，雅典都統治了希臘世界；在經濟上，這是以國際貿易和國內商業成長為基礎的繁榮時代。進口穀物、木材、奴隸和奢侈品，用銀、橄欖油、陶器和其他出口品支付。雅典「盟國」所納的貢賦，支持了雅典帝國的海上力量。這種海上力量減少了海盜行為，因而保障國際貿易的安全，特別是提供對於雅典生存至關重要的穀物貿易保護。這種經濟繁榮的基礎是建立在對於人（奴隸）和其他生產因素，以及產品和勞務的財產權結構之上。這種財產權結構從德拉古（Draco）[16]到索隆、克利斯梯尼（Cleisthenes）[17]和培里克里斯執政時期，逐漸演變成一套法律。

p.106　　古典學者強調城邦在雅典政治經濟的演進中所產生的根本作用，當然是正確的。此外，我們也同意博蘭尼的觀點，認為國內定價市場的演進，以及國際市場上「受管理的貿易」的成長，同樣也是雅典城邦的產物（Polanyi, 1977）。但這種結構（以及其後羅馬共和國和羅馬帝國的經濟組織）的邏輯意義，引起歷史上一場沒有結果的爭論。如同在第四章所提到的，博蘭尼把市場、經濟理性的行為和資本主義分在一邊，把相互接濟、重分配和家庭經濟分在另一邊。認為

16　被視為在西元前700年雅典最早的立法者，頒訂一套成文的法典讓法庭執行。

17　雅典的憲法改革者，在西元前508年立下的基礎，奠定雅典民主的發展。

後者的動機與前者不同，而不能用現代新古典（或馬克思主義）經濟學做有效的分析。對於博蘭尼來說，城邦的優越性表明後者的考慮不只主導希臘，而且主導現代以前的所有經濟體制。但這種區分只是虛構的。政府迎合掌權的統治集團的利益而界定財產權（雅典公民就是處於這種情況），然後在約束條件的限制下，設定能使交易成本極小化的經濟組織形式：在這種情況下，產品和勞務在國內的自由市場是靠財產權結構支撐。財產權結構一方面提供土地、資本和勞動的所有權和可轉讓性，另一方面控制穀物的國際貿易以保證食物供應（經常用補貼的價格）。博蘭尼強調的當然很正確，由於雅典的生存依賴不得中斷的穀物進口，雅典不能讓穀物有自由國際貿易。穀物進口對雅典（以及後來的羅馬）戰略的重要性，相當於二十世紀後期石油對於石油進口國的意義；兩者在政治經濟上的相似之處是十分明顯的（但沒有人會認為，確保石油進口安全的動機是非經濟性的）。

　　雅典相對衰落以後的很長一段時期內，由城邦演變而來的政治經濟結構，在古代世界仍居主導的地位。儘管馬其頓的菲力普留下的還是一個君主國家，但他的兒子亞歷山大施加於他所建立的古希臘帝國之上的制度結構，是衍生自希臘城邦。可以肯定，在塞琉西帝國（Seleucid Empire）時期[18]，希臘的上層結構（superstructure）被簡單地套在波斯帝國之上，托勒密時期的埃及，一種希臘式的權威也被設置於埃及

18　從西元前312年到前63年。

p.107　的階級結構之上；不過，真正繼承城邦傳統的，是在東地中
海的經濟擴張的動力中心。特別是羅得島，西元前三世紀已
成為東地中海的經濟中心。它不僅成了東地中海穀物、奴隸
和其他貿易的口岸，而且還提供銀行服務、制定商業法規，
以及擁有海軍減少海盜。直到羅馬出於妒忌使德羅斯成為一
個自由港（把許多穀物貿易從羅得島吸引過來），而削弱羅
得島的霸權地位為止，代表古希臘特徵的商業擴張中心一直
是在羅得島。

VII

此後的西方古代世界經濟史，就是一部羅馬歷史。如同
希臘一樣，這段歷史的核心，就是政治結構的發展和其所導
致的財產權演變。這套財產權體現於羅馬法之中，而在歐洲
大陸一直傳承到現代。像在其以前的伊托斯坎（Etruscan）[19]
一樣，羅馬城邦與早期的希臘城邦有許多相似之處。它是貴
族制的城邦，但正如希臘城邦那樣，由於必須建立自籌裝備
的士兵部隊，使貴族統治讓步。韋伯認為，當簡單的騎士戰
鬥被士兵方陣作戰取代時，軍事保護關係（平民接受軍事裝
備，就跟隨其宗主投入戰鬥）就過時了。代之而起的是自由
保護關係（無土地的個人和被解放的奴隸，向宗主提供服務

19　羅馬城邦興起之前，在義大利半島中部平原已有的城邦發展，約在西元
　　前四世紀紛紛加入羅馬共和。

以換取保護和供應）（Weber，1976，頁280－289）。「十二木表法」（西元前450年）使平民在政府中有了自己的代表。關於債務、土地占有和公有土地（ager publicus）分配的爭議，在許多方面與希臘歷史相似。但這些相似之處，在以下三個重要方面有區別：首先，儘管在以後的三個世紀內，平民有越來越多政治代表，並且由於羅馬的征服為其公民開闢新領土，從而擴大了公有土地，但演變的政治結構從未像雅典那樣民主：富有的平民加入貴族行列以治理國家，政治結構從貴族政治演變成寡頭政治。第二，爭奪土地分配的鬥爭，是此後四個世紀裡不斷的內部爭鬥和內戰的焦點，p.108儘管有格拉齊（Gracchi）兄弟[20]和其他人領導的改革和革命，但最後的結果是，土地分配的不平等日益加劇，無土地的公民日益增多，並最終成為城市的**無產者**（proletarii），以及因羅馬征服所得到的奴隸勞動力為基礎，而發展出大莊園（latifundia）。第三，而且也許有決定作用的一點，就是從城邦變成官僚帝國。一個重要步驟是把公民的範圍擴大到義大利其他城市，然後在凱撒（Caesar）和凱拉克拉（Caracalla）統治時期[21]公民身分的範圍，又超越了義大利國界，以致使

20　西元前二世紀Tiberius與Gaius兩人擔任平民代表時，分別都推動土地改革。

21　凱撒擔任羅馬共和的執行官，率領大軍征服各地，建立許多殖民地，擴大了羅馬公民的範圍。在西元前49年到前44年實施獨裁，終被刺殺身亡。凱拉克拉在西元212年頒布法令，讓所有羅馬帝國的自由民都擁有羅馬市民的身分。

羅馬城邦讓位給一個最終控制地中海帝國的政治結構。在帝國統治時期，羅馬行政結構很明顯地從城邦向龐大的行政官僚制度演變，這個變化發生在由元老院控制對外事務的羅馬共和國時期（《劍橋古代史》，第8卷，第12章），並且逐漸從與友好的強國結盟轉向控制對其依賴的國家——在此期間，對是否開始管理義大利以外的地區一直猶豫不決（《劍橋古代史》，第9卷，第10章）。

帝國依然在成長。在西元前146年，羅馬帝國有六個省分：西西里（Sicily）、撒丁尼亞（Sardinia）、兩個西班牙地區、非洲和馬其頓。西元前133年，佩爾加姆（Pergamum）的國王亞特魯斯（Attalus）丟下他的王國，而來到羅馬。[22] 所有省分的行政結構都相當原始。總督由羅馬派出，負責徵稅（不同於義大利），但一般而言，由於羅馬共和國時期沒有建立文官體系，地方上形成自治的政府（《劍橋古代史》，第9卷，第10章，頁466）。

結果之一是，收稅官（publicani）和私人承包者的職權擴大了，兩者都執掌供應並負責收稅。[8]這種辦法是否像許多歷史學家所認為的那樣沒有效率，以及是否因肆無忌憚的總督和貪婪徇私的官員，而導致租金大量消散，仍是一個有爭議的問題。[9]但無可避免的，奧古斯都（Augustus）[23]統治

---

22 亞特魯斯三世因愛好醫藥學，對治理國家興趣不高，又沒有男性子嗣繼承，自願將世代統治的佩爾加姆交給羅馬共和。

[8] 見Badian（1972）。

[9] 傳統的觀點在《劍橋古代史》第10卷第7章中有描述。關於收稅官的相

下的羅馬帝國，發展了更加精緻的管理體制，這些管理體制
與波斯帝國和古希臘君主制度有很多共同之處。進行定期普
查，建立文官體系，任命位及元老院階級的有經驗總督管轄　p.109
各省，並且設立受薪的職業常備軍。稅收結構改變以減少對
收稅官的依賴，而徵稅的負擔不只落在各個省分，也擴大到
在義大利定居的羅馬公民（在此之前，他們只為贖買奴隸付
5%的稅）。

　　伴隨著這種政治轉變的是羅馬法的發展和日臻完善，這
套法律是建立在因素和產品市場的排他性個人財產權的基礎
上。雅典的財產權結構是以法律為基礎，而羅馬的貢獻，是
細部引申出一套完整的民法體系，加強了高度發達的交換經
濟中的契約關係。這種交換經濟在西元最初兩個世紀裡，發
展遍及整個地中海地區。商事法的制定，是羅馬社會重大的
經濟成就。同樣重要的是財產法，它們解決了在帝國早期是
主要勞動力來源的奴隸之所有權問題。

VIII

　　人口成長，是古代經濟史上最根本的因素；正是有了人
口成長，對古代世界經濟成就的評估才真正開始。定居農業
引起食物供應擴展，導致人口成長率上升。這也可能造成人

　　反觀點，見Badian（1972）。

23　奧古斯都是羅馬帝國第一位皇帝，在位期間西元前63年－西元14年。

口成長的週期性停頓，因為人口集中在定居的村莊裡，加重傳染病的傳播。但是，人口畢竟成長了，而且移民創造和推翻了早期兩河流域帝國，那至少部分是針對人口壓力的一種反應。事實上，多利安人（Dorian）在希臘擴張[24]的原因可能正是如此。我們有更多的理由相信，腓尼基人、希臘人和羅馬人對地中海和黑海殖民的原因，是人口成長及國內城邦和有互補資源地區之間定居貿易的發展結果。如果說人口遷移和殖民化是人口成長的一種表現和反應，那麼排他性私有財產權的發展和土地分配上發生的衝突，就是另一種表現和反應。只要仍能得到優良土地的供給，我們就可以想像，遷徙、殖民化和創立私有財產權所造成的成本，會使這樣的努力不值得。但在報酬遞減的時期，這類活動則會加速發展。

p.110

　　人口壓力，在過去就和現在一樣，是一把雙刃劍。它是國內外衝突、政治動亂和衰落的主要因素；但在這裡，我是著眼於另一邊刀刃，它也能引發社會進行政治經濟組織形式的革新，促進生產力提高，導致經濟在一定時期內的持續成長。毫無疑問，經濟出現過顯著的成長。我所指的並不是在幾千年裡導致地中海盆地的定居，和擴散到整個北歐和北非的廣泛經濟成長，而是每人平均所得的成長。這意味著，在長時間斷斷續續的期間內，產出的成長快過人口的成長。這在西元前五世紀的雅典與斯巴達發生戰爭之前，西元前三世紀羅得島統治東地中海的時代，以及西元最初兩個世紀的羅

24　大約西元前1200年，多利安人遷徙進希臘，改變了古希臘的文化及語言。

馬帝國時代都很明顯。當代的描述，提供關於經濟繁榮和大部分人口生活水準提升方面許多質化證據。當然，有大批人口幾乎只是處在僅僅維持生存的水準上，但是在新石器時代，人們的生活水準原本普遍相同。西元前五百年，只有富人才能喝酒；到西元前二百年，酒的消費擴大到低收入階層。橄欖油的使用範圍也同樣擴大，而且當代還有一些證據證明，飲食範圍已擴大到包括更多的肉、魚、水果和蔬菜（Forkes, 1955）。奴隸範圍廣泛擴展本身就能說明，自由勞動者處於維持生存的水準之上；否則，奴隸這種制度就不會繼續存在。

我們不須費很大力氣，就能解釋作為古代世界文明興盛基礎的生產力提高的經濟根源。我們所觀察到一連串從埃及、波斯、希臘和羅馬逐漸進步的國家制度組織，導致交易成本下降、地區專業化增加和市場拓展。在和平時期，例如在西元最初兩個世紀裡，財產權保障的增加產生了跨地中海的市場。除了因改進經濟組織而發生的生產力利益以外，在這八千年裡還出現重大的技術變動。與現代世界相比，其變動速度很慢；但是，從銅器發展到鐵器、源於石壁畫和象形記號的文字發明（對於促進非人情化交換增加的契約訂定和衡量成本的降低非常重要）、農業技術的改進，以及工程技術的發展，都是這幾千年發生的技術重大轉變的一些寫照。[10]

p.111

古代世界（ancient world）的迅速成長是不容置疑的。

---

[10] 有豐富資料的扼要說明，見Hodges（1970）。

西元二世紀，羅馬帝國自由人口的每人平均所得，可能超過
十九世紀以前任何一個社會。但是，如果不說明伴隨這種成
長的財富和所得的分配，這種說法是不完整的，而我們在這
方面的知識，如同我們討論成長問題的知識一樣不準確。毫
無疑問的，所得分配變得越來越不公平。在新石器時代的村
落，幾乎沒有什麼分配上的差別，而隨著專業和分工的出
現，必然導致較大的不平等。但這種型態並不是完全一致
的。埃及各個朝代的不平等程度，可能和羅馬帝國的一樣
大。在羅馬帝國，一些元老院議員的財富是有傳奇性的（普
利尼〔Pliny〕[25]曾被引述說，在尼祿（Nero）時代[26]，六個元
老院議員就擁有半個北非）。人們從文獻中得到的印象是，
西元前五世紀雅典的自由人口中，財富的分配相當平均。但
此後的趨勢發展，似乎是自由人口之間財富和所得不平等加
大了，而越來越多的勞動力變為奴隸。

　　本章的論述始於新石器時代的原始村落，止於西元二世
紀羅馬帝國達到國力頂峰的輝煌時期。人類學家今天在新幾
內亞、非洲和南美所研究的原始社會，給了我們一些關於原
始村落該是什麼樣子的印象。我們仍能從觀察帕德農
p.112　（Parthenon）神殿中看到希臘和羅馬世界的成就，從尼姆
（Nimes）旱橋中看到羅馬人在工程方面的成就，還可閱讀修
昔提底斯（Thucydides）、波里比阿（Polybius）和李維

25　（23－79年）羅馬貴族與學者。
26　羅馬帝國皇帝，在位期間54－68年。

（Livy）的歷史，觀看上演的阿里斯多芬尼（Aristophanes）的悲劇。這種文明的創造，當然和現代的成就一樣動人；但是，「黑暗時代」的干擾，使它顯得突兀，而難以成為經濟史研究的材料，因此遭到經濟史學家的曲解和忽視。然而，這種成就無論是從文化或是從實際的經濟成就來看，都是我們所繼承的傳統，並且占據我們五分之四的經濟史。

第九章

古代世界的經濟變遷與衰落

I

　　所有社會最後都難免遭遇經濟衰落。不論是從每人平均實質所得下降這一絕對標準來看，還是從與其他競爭性的政治經濟單位比較的相對標準來看，都是一樣。經濟衰落通常會導致國家主權滅亡；既然已知第一篇中的模型所提出的內在不穩定性，這就不意外了。然而，有些社會顯示出罕見的長期生存能力，有的則適應能力很低。羅馬帝國生存了近一千年，它的崩潰和它的生存一樣令人驚嘆，而且也比歷史上任何其他事件都更鮮明地標示著一個時代的結束。

　　第八章的結尾，簡要地討論了古代世界財富和所得的分配。這是我們探討經濟變遷與衰落的起點，因為國內外針對分配而展開的鬥爭，是經濟變遷與衰落的最根本來源。

　　前一章的焦點，是組織之政治形式的創新和演變，以及由此所產生的財產權結構。除了希克索人入侵以外，埃及各

p.114　個朝代的特點，是能免於外來競爭；新王國統治下的內部結構，沒有任何能取代法老的力量，而且經濟穩定——但經濟的生產力可能極少增加或沒有增加。波斯國王統治下的經濟成長問題並沒有解決，但一直存在的地方總督對國王的潛在競爭，是影響波斯帝國內部政策的主要因素。希臘城邦的演變，基本上是受限於軍事安全的需要，和為土地所有權（財富的基本來源）分配的內部鬥爭。在整個羅馬共和發展的過程中，也存在類似的緊張形勢。

　　古代世界的一個明顯特徵，是戰爭常常使勝利者獲利。羅馬凱旋儀式（The Roman Triumphs）就是奴隸和黃金等戰利品耀眼的展示會；在征服中得到的土地，也分配給勝利者。在羅馬帝國晚期，野蠻人僅僅透過威脅性的入侵，就能從羅馬人那裡強取大量黃金。進行成功的軍事遠征，以及分賜戰利品給忠誠的下屬和士兵，乃是野心勃勃的羅馬人追求政治成功的主要途徑。同時，擴大統治區域能提供更大的稅基，並能以奴隸形式提供廉價的勞動力。

II

　　即使沒有人口成長，為財富重分配而爭奪國家控制的鬥爭也會發生；但是人口成長，才是數千年來決定衝突與調整形式的最根本影響力。

　　在第七章，人口壓力被描述為造成定居農業社會取代狩獵採集群落的原動力。在那一章所用的模型中，狩獵採集勞

動的邊際報酬遞減，與農業投入的邊際報酬不變形成對比。
農業所造成的成長，導致第八章所述文明的逐漸興起。它也
使人口在這八千年的時間裡突破狩獵／採集社會的限制，而　p.115
大幅地擴張。由於共有財產權的發展，提高獲取新知識的報
酬率。出現兩種互補的來源，促成人口擴張。一種是可供農
業開發利用的土地和資源的供給；第二種是由馴化動植物的
進步和農業技術變動，所帶來的生產力提高。但是，可供使
用的土地和資源供給是有限的，而且沒有任何邏輯依據可以
認為，生產力的成長會自動跟上人口成長。調整過程有時是
成功的，第八章強調文明的成長。但是，人口之劍的另一面
刀刃，在古代世界同樣鋒利。

　　我們可以簡單地將衰退特徵解釋為人口成長和報酬遞減
的結果如下：有些政治經濟單位，原因在於有充足肥沃的土
地、非農業部門遞增的報酬，超過農業部門的報酬遞減，或
者由於農業財產權變更引起的生產力成長，抵消報酬遞減，
可能經歷持續的每人平均成長。同時，其他國家會經歷實質
所得下降，從而萌生日益增強的動機，去侵略和征服富有的
鄰邦。結果，繁榮國家為了討好入侵者，或者為了增加軍
費，而面臨成本日益增加。增加的稅負，落在那些政治影響
力最弱的團體上；但當成本繼續增加時，統治者就被迫用盡
辦法獲取稅收，甚至不惜背棄臣民或扼殺生產。結果導致臣
民投效能提供較好條件的競爭者——有時包括潛在的入侵
者——或者是遭受經濟蕭條，以及產品和資源部門產出絕對
的沒落，最終導致稅收下降（並敗於入侵者之手）。實際

上，賦稅和強制徵收改變了財產權結構，以致降低從事生產性活動的誘因。

　　這種情節，可以稱之為「野蠻人上門」。還有第二種情節——內部腐化。由於人口成長和農業報酬遞減，造成一個政治經濟單位的實質工資下降，以致通常會刺激出各種努力，設法擺脫這一困境。如前所述，殖民是一種常見的方法；征服土地廣闊的鄰國是另一種方法。如果這兩種方法都行不通，則內部政治結構就會面臨日益緊張的局勢。小型自耕農至少開始時對國家當時的統治者有稍許影響力，比較之下，大地主不僅更能接近統治者，而且希望重組財產權，以便廢除共同財產的成分，獲取正在攀升的地租。這種財產權的重新界定，排除了自耕農和無地農民得到土地的可能，因而在實際上使財富的重分配有利於大地主。國家的統治者也願意這樣重新界定財產權，因為這樣做可增加產出和稅收。但是，由於這種行為會招引潛在的競爭者加入，去爭取未受益團體的效忠與支持，所以可能會讓國家的統治者變得更不安全。如果沒有再做很多假定，結果就不得而知。各種妥協作法，如「麵包與馬戲團」這種小恩惠，局部的土地分配計畫，當然還有征服和殖民，都會拖延一陣。人口成長會減緩，甚至可能調整出夠低的出生率，使每人平均產出出現成長——尤其是如果財產權重新界定，能刺激生產力提高。另一種可能是，獲得無地農民支持的競爭對手，可能取代當朝統治者，並且把土地重新分配給無地農民，但也改變財產權，使生產力的增加不受鼓勵——例如，規定土地不可轉

p.116

讓，或限定農產品銷售的最高價格。

III

　　有關古代世界的穩定，與前文對變遷的典型描述，大致都符合第一篇中所提出古典和新古典的分析，我在本節要做一些特殊應用的討論：

　　（1）推動變遷的人，絕大多數是對改變體制有直接利害　p.117
關係的個人。大部分的人基本上都是消極被動的。在長時期內維持穩定的社會，往往具有如鐵板一塊的（monolithic）結構，而不容有向統治者挑戰的競爭者。例如，在埃及的朝代裡，競爭只限於在繼承方面；在新王國以前，貴族、祭師和法老之間存在鬥爭，但此後的體制就極少有變化。馬克思（以及其他人）曾經認為，東方的生產模式（Oriental mode of production）是一個獨特而缺少變化的體制。獨特性在於不容內部有競爭對手的鐵板一塊政治結構，以及地理孤立能提高外部入侵的成本。但是，還有另外兩個重要的特徵。對尼羅河實行統一控制而產生真正的規模經濟，造成中央集權的官僚政治結構，因而容許這種鐵板一塊的結構。[1]以及，在羅馬帝國出現之前的兩千年裡，埃及人口的擴張速度想必相對較低，以致沒有發生報酬遞減。儘管所得分配極端不公，但埃及還是被視為羅馬帝國最老的省分，和主要的食物

---

[1]　埃及比 Wittfogel 所引述的其他例子，更符合他所提出的水利社會。

供應來源。很可能，致使農民生活水準很低的所得分配不
均，是導致人口成長緩慢和形成長期穩定，而沒有出現像古
代西方世界那樣動態變遷型態的主要因素。[2]

　　（2）古代世界其他地方的人口成長，由於加重土地的相
對稀少性（即相對價格變化）而引發變遷。從西台人和阿莫
里特人在美索不達米亞地區的移動，到赫爾維蒂人（Helvetii）
要求羅馬帝國允許他們橫越高盧（Gaul），以避免日耳曼部
落日益推進的壓力（它導致西元前58年凱撒的重大勝利），
再到羅馬帝國晚期越來越多野蠻人部落逼近羅馬帝國在多瑙
河（Danube）和萊茵河（Rhine）的邊界，都顯現人口成長
所導致的遷移、征服和戰爭。如果仍有空地存在，就可以進
行殖民──結果是在歐洲和近東（Near East）人口的定居。
在內部來看，土地的影子價格（shadow price）[1]上升，使得建
立個人排他性財產權的壓力增強，並導致處處皆是為爭奪土
地的戰爭，成為古代世界的特徵。

　　（3）以征服和革命形式出現的變遷，是由統治者或其代
理人所發動的。從莎岡在美索不達米亞創立第一個帝國，到
西元410年亞拉里克（Alaric）攻陷羅馬帝國（傳統上認為

p.118

---

[2]　William McNeill在 *Plagues and People*（1976）一書中提出，人口的穩定
　　是由於寄生蟲疾病使農民體質衰弱的影響，這與此處的觀點是一致的
　　（見該書第40頁）。

[1]　價格是供給者與需求者在市場上交易所決定的。然而，有時候並沒有真
　　實的市場交易反映出價格，不過，仍然可以根據供給與需求的情況判斷
　　可能的價格，以及價格的變化，這種以理論推斷的價格即為影子價格。

這是西羅馬帝國的結束），發動戰爭的是國王、法老和酋長。另一方面，革命則是統治者的代理人——地方總督、省長、附庸國君主和軍事將領的策動。爭奪土地的內部紛爭，會造就出一些爭取控制國家的野心家：雅典的培里克里斯對抗西門（Cimon），羅馬內戰中的主角——提比留和蓋約・格拉克兄弟（Tiberius and Gaius Gracchus）、馬略（Marius）和蘇拉（Sulla）。

　　（4）國王、篡位者和改革者，都會選用各種選擇性的誘因吸引追隨者：向士兵分發戰利品（包括給予土地），免費提供軍事庇護，向無地農民承諾重新分配土地，他們有時甚至會收買和煽動暴徒來協助。③

　　（5）奴隸制的興衰，反映它獲利能力的變化。在古希臘時期及羅馬帝國時期，奴隸供給是靠征服的成果。在羅馬帝國的最初兩個世紀內，由於處於和平時期，奴隸價格急劇上漲，奴隸供給是靠奴隸繁殖（Jones，1966，頁296）。對奴隸的需求反映了使用奴隸相對於使用自由勞動力的獲利能力：奴隸起初在希臘被用於採礦和家務，後來當日益發展的市場，使得大規模農業有利可圖時，在羅馬帝國的大莊園裡也開始使用奴隸。甚至羅馬帝國的奴隸贖身，也可以大致以經濟理由加以說明，因為，贖身帶給奴隸的誘因所增加的邊際成果，足以補償奴隸主失去奴隸勞力後會受到的損失。奴隸制的衰落，反映其獲利能力下降。當奴隸價格十分高的時

_____

③　關於這一點的討論，見Brunt（1966）。

p.119　候，如羅馬帝國的前兩個世紀所顯示，代之以自由勞動就變得有利可圖了（Jones，1966，頁296）。相反的，當羅馬帝國後期自由勞動力的價格下跌，或由於貿易中斷導致農產品需求下降時，把奴隸（及自由勞動）轉變為殖民者（coloni），就是一種理所當然的反應。[4][2]

　　（6）古代世界經濟活動的變化軌跡，有時是戰爭、混亂，以及因而產生財產權無保障的後果；有時是一種關稅和貿易障礙的變化結果，羅得島就是這種情形；但通常是技術擴散和相對價格改變的結果。雅典在葡萄酒、橄欖油和陶器生產居於技術領先，而且從西元前五世紀開始，就在這些商品的貿易上頗為優越。但是，一旦新技術得以標準化且被廣泛傳播，同樣品質產品的生產成本就會趨於相等，而由運輸成本決定生產的地點，以致生產普及延伸到其他地區。[5]在西元二世紀，義大利中部受到來自非洲的穀物、高盧的葡萄酒和西班牙的橄欖油日益激烈的競爭（Gunderson，1976，頁54）。隨著高盧地區城市的發展，當地市場的規模導致工業從義大利移向高盧，而高盧地區透過河流系統降低了運輸成本，使高盧成為一個工商業中心（Rostovtzeff，1926，頁91及150）。

---

[4]　經典性的說明是在Marc Bloch, "Comment et pourquoi finit l'esclavage antique?"（1947）。

[2]　因為當時戰爭俘虜是奴隸的主要來源，所以和平時期奴隸供給就減少了。

[5]　關於古代世界的酒、橄欖油、陶器和玻璃製作技術領先的擴散效果，見Gerald Gunderson（未出版）。

（7）各個帝國——包括埃及、波斯、古希臘和羅馬——的官僚體制，反映了統治者與其代理人之間長久存在的衝突。統治者試圖使收入極大化，並且控制住臣民，而代理人自身的利益很少與統治者利益完全一致。儘管官僚體制的演變結構，反映統治者努力以更嚴密的方法監控其代理人，以避免租金消散，但其努力充其量只有局部的成功。⑥

（8）政治穩定的主要危機，來自於王位繼任問題。羅馬帝國裡奧古斯都的王位雖然並非合法的繼承，但事實上的（de facto）世襲繼承是常規。有時，皇帝為了確保皇位的繼任，在活著的時候就立他的兒子為皇帝。但是，常常有皇帝已死而無人繼位，因而引起爭奪合法繼承的衝突，或者篡位者憑藉一部分軍隊自立為王，其結果乃是看似無休止的內戰。羅馬帝國日漸成為軍事國家，軍隊是這種變化的決定因素，擁有重兵的將軍挾持傀儡皇帝進行統治，是常有的事。⑦ p.120

IV

如果上節的主題聽起來是老生常談和其理自明，重點在於先要體認，研究古代世界的歷史學家和其他社會科學家都認為，古典和新古典經濟學動機力量並不能適用於分析古代

---

⑥　例如，在羅馬帝國，從君士坦丁到查士丁尼（Justinian）一直努力試圖廢除官位出售制度（suffragia），儘管盡了很大努力，但從未成功。見 Jones（1966，頁148－150）。

⑦　關於羅馬帝國王位繼承的討論，見 Jones（1966，頁125－128）。

世界。⑧同樣重要的是要記住，上一節一開始就強調穩定與變遷的大部分內容可以用這些方法來解釋。尚存一些與這種分析相左的部分，則須引進一些意識型態方面的考慮：

(1)早期的各個社會、美索不達米亞和綿延數千年的埃及各個王朝，它們的穩定性，是因為把統治者與神祇合而為一（結果是降低執行成本）因而得以鞏固。

(2)儘管人口壓力和為重分配財富及所得，而爭奪國家控制權的普遍鬥爭，是古代世界變遷主要的長期力量，但這並不能完全解釋幾個世紀的迫害之下，猶太人為了維護民族身分所做的頑強抗爭。猶太人的堅持迫使羅馬人從凱撒時代就開始給予他們特殊的豁免，不得在安息日對猶太人進行傳喚或起訴，也不得對猶太人徵召服兵役。儘管猶太人不能建造新的教堂（synagogues），但他們可以修建那些被破壞的教堂。在君士坦丁（Constantine）宣布改變宗教信仰（西元312年）之前的基督教徒，在面臨羅馬皇帝的連續迫害時，也顯示類似的生存特徵。而且，一旦接受了基督教，在詮釋正確教義上的鬥爭，就摧毀了意見分歧的羅馬帝國（東羅馬和西羅馬）。君士坦丁把教義強加給尼加耶議事會（Council of Nicaea）（西元325年），並沒有帶來持久的統一，反而帶來無休止的教會分裂，並且常常伴隨著暴力和戰爭。我們未

p.121

---

⑧ 見前一章關於卡爾·博蘭尼的討論，以及芬利（Finley, 1971）的著作。然而，芬利的大部分研究正好符合經濟分析（雖然他似乎沒意識到這一點）。至於他關於羅馬帝國崩潰的解釋基本上是經濟的，他本人也承認這一點（頁176）。

必要接受吉朋（Edward Gibbon）認為基督教在羅馬帝國滅亡中的角色，也會為基督教及基督教教義論戰在羅馬帝國晚期的事件中所起的關鍵作用感到驚訝。吉朋生動地描述由於亞利安（Arian）論戰[3]、多納蒂斯教派（Donatist）[4]分裂和其他許多自稱找到真理的宗教派別引起的衝突與流血。這些依然嚴肅地提醒人們，宗教狂熱是羅馬帝國晚期的特徵。[9]

（3）變遷的帶動者也不盡然是國王、皇帝和他們的代理人，還包括了這些人，如把猶太人法典系統化的猶太教牧師阿基巴・本・約瑟夫（Akiba ben Joseph）和他的弟子邁耶（Meier）[5][10]；拿撒勒（Nazareth）的耶穌；可能對傳播基督教起決定作用的塔蘇斯（Tarsus）的索爾（Saul）[6]和西元七世紀的穆罕默德（Mohammed）。

（4）並不是單純的選擇性物質誘因使猶太人不斷地抵制希臘文明，並且造成猶太人在耶路撒冷（西元70年）和梅莎達（Masada）（西元72年）抵抗偉士帕先（Vespasian）。[7]

3　一種基督教教義主張，懷疑耶穌為上帝之子，這一思想源頭歸於埃及的 Arius（250－336年），因而被稱為「亞利安主義」（Arianism）。

4　多納蒂斯教派興起於西元四、五世紀，對教徒要求比較嚴格的戒律。

⑨　見 Gibbon（1946），特別是第1卷，第21章。

5　西元二世紀時的猶太教神學家。

⑩　見 Roth（1954）第12章。

6　也就是基督教先知者保羅（Paul The Apostle）的原名。

7　偉士帕先因鎮壓猶太人暴動，而獲得權力成為羅馬皇帝，在位期間為 69－79 年。

⑪　Bernardi（1970，頁16－83）曾對此做過精彩的整理。

基督教的傳播同樣充滿著以意識型態為基礎的行為。

V

　　很少有像羅馬帝國崩潰這樣能吸引歷史學者的主題，在吉朋的大作出現之前，它很早就已是歷史學家的中心議題，並且一直延續至今。道德衰敗、基督教、人力短缺和使用鉛製水管引起中毒，只是用來解釋這種衰落的一些說法。雖然大多數學者認為經濟力量是關鍵因素，[11]但是古代世界尚未成為具備經濟學訓練的學者的領域，而且大部分用來解釋這種衰退的證據，或者意義不明確，或者根本文不對題。[12]

p.122

　　關於羅馬帝國的崩潰，實際上有兩個問題要回答：(1)它為什麼會崩潰？(2)它為什麼沒有被另一個西方的帝國取代？第二個問題可以為第一個問題提供一些背景。從共和時期的龐貝（Pompey）和凱撒到西元三世紀，羅馬的軍事優勢極為明顯。甚至在五世紀，小型的羅馬分遣部隊還能打敗野蠻人的大軍（Jones，1966，頁228）。但是優勢的差距小了許多，而且野蠻人日益精良的軍事力量降低了羅馬人的比較優勢。當軍事優勢相對衰落，加上帝國對官僚控制的成本增加時，顯然結果就會發生不均衡，隨之而來的就是加劇地方獨立和閉關自守。

　　羅馬帝國在萊茵河和多瑙河上游的防線，帶來的財政負

---

[12]　經濟學家關於這一證據的評論，見Gunderson（1968，頁43－68）。

擔越來越重。不僅付給野蠻人的黃金必須越來越多才能免其入侵，而且軍團支出也上升了：戴克里先（Diocletian）[8]統領的軍隊人數達到三十五萬人。在此同時，羅馬帝國還免費供養著十二萬公民。儘管費用增加從而對租稅結構的要求加重，但稅基卻被侵蝕。那些有良好政治關係的人不須繳稅，因此更重的負擔就落在那些得不到政治優惠的人身上。逐漸的，越來越多鎮民和農民對於羅馬人和野蠻人鬥爭中，究竟誰輸誰贏並不在乎了（Jones，1966，頁368）。

　　值得注意的是，如果增加的支出能夠產生更多公共財，那麼增加稅收本身並不會造成經濟衰落。但對於羅馬帝國而言，提供同樣的國防所須負擔的租稅不斷增加。何況稅負的轉移最終帶給經濟活動負面的誘因，終會自食惡果──逐漸腐蝕稅基。實際上，財產權被改變到了不能維持經濟體制生存的程度。

　　就某些方面而言，自從吉朋談到羅馬帝國的衰落，我們 p.123 就被誤導了。似乎真正發生的是，上述的事件最終導致衰落，也就是通常所謂的黑暗時期到來。但那時的過程並不是清楚的衰敗。更恰當的描述是，當羅馬臣民的稅收增加，而他們所享有的貿易保護受到侵蝕時，身為羅馬帝國的成員所得到的利益就大大減少。越來越多的部分羅馬地區發現，從當地政府那裡所得到的保護，要比從飽嘗內憂外患的羅馬政府那裡得到的保護要多。於是他們覺得，自己的禍福要靠地

8　羅馬皇帝，在位期間284－305年。

方自主的力量。⑬短期結果是，他們無疑地不再承受羅馬政府的稅負；但長遠的後果是，地方自給自足的程度加劇，因缺乏對長距離貿易的保護以致貿易衰落，以及經濟結構出現根本的更動和轉型。由於不再有大規模市場，用奴隸已無利可圖，逐漸的，勞動的農奴（serf）更適合地方獨立和缺少貿易的世界了。

對於**衰落**解釋的更正，我們可以說，當羅馬帝國的軍事優勢消逝，而且大規模國家不再提供財產權的保護和執行時，羅馬帝國存在的**理由**也就不復再。

羅馬帝國瓦解也許是經濟史上最令人注目的分水嶺。對於西方世界，它開啟了近一千年裡出現的小型政治經濟單位。無論大型政治經濟組織曾有過什麼樣的優勢，但在以後的時代裡均已不在或至少已嚴重減弱。羅馬帝國確實在東方仍持續到君士坦丁堡最終於1453年被土耳其人占領，而且伊斯蘭教世界在新宗教信仰力量的基礎上創立一個由北非延伸至歐洲的帝國，以及一個短命的卡洛林帝國（Carolingian Empire）⁹。然而，這些都不會改變一個重點：使一個帝國有可能統治整個地中海世界的規模經濟，已經消失不再了。

---

⑬ 關於這一論點的闡述，見Gunderson（1968）。

9　卡洛林帝國源自於法蘭克國王查理‧馬特（Charles Martel）在西元八世紀建立的王朝，在他的孫子查理曼繼位後大舉擴張，統治範圍幾乎遍及歐洲西部，並成為羅馬教會的保護者。800年查理曼成為神聖羅馬帝國（Holy Roman Empire）的第一位皇帝。查理曼卒於812年，之後帝國的統治就逐漸衰落。下一章第IV節將再提到此一帝國。

第十章

封建制度的興衰

I

羅馬帝國在西元五世紀的混亂狀態中消失了；編年史大致上將一千年後的西元1500年定為封建制度結束的時間。在此期間，西歐逐漸從羅馬帝國秩序崩潰後的無政府狀態中崛起，而建立足以帶來秩序與穩定的政治經濟結構。再接著從政治經濟的秩序與穩定引發一些變遷，導致該政治經濟結構的崩潰，並預設了民族國家的發展，以及持續至今四個世紀的經濟發展。

在一開始我要指出很重要的一點，儘管席捲西歐的日耳曼民族相對上是原始的部落，但「黑暗時期」（dark ages）的歷史（如我們所知道的）並不是較早希臘和羅馬文明形成時期的重演。人口變化和戰爭的性質，在這兩個時期中，的確都居於決定性的地位。然而，西歐的興起基本上是受到希臘羅馬文明遺產的影響，而此影響一直持續（特別是在南

p.125　歐）、改造，最終塑造了興起於六世紀到十世紀之間的許多制度安排。莊園似乎是從羅馬村社（villa）直接繁衍而來的，而依附的殖民（coloni）可以說是封建社會農奴的前身。奴隸制也延續到中世紀。羅馬法的遺產被延續下來，它在近古歐洲對於財產權結構的規範中又全力重現。

是教會把古代世界的文化遺產傳遞到中世紀，教會是知識的貯藏所——孤立的文明中心。在中世紀，修道院常常是最有效率的農耕中心。①教會的角色無法簡單地進行歸類。一方面它是羅馬帝國晚期負擔不輕的官僚機構，以及出售救贖以換取財寶土地的主要物質財富中心；另一方面，教會又信奉禁慾主義、極端自律、隱居生活，還擁有像聖邦尼費斯（St. Boniface）這樣虔誠的傳教士，他在八世紀時使德國內地轉變信仰，自己卻於西元754年在弗里西亞（Frisia）殉教。②依據前一種功能看，教會具有政府的特徵，它擁有教皇這樣的統治者和龐大的官僚機構，而且教皇透過官僚機構積聚財富和權力，代理人（樞機主教與主教）則自己吸取財產而變得有錢有勢。如同政府一樣，教會出售保護和法治；此外它還出售救贖，因此在一個普遍相信死後會下地獄受懲罰的世界裡，擁有獨特的控制力量。這種意識型態信念和教會的禁慾觀，一併帶給中世紀生活明顯的印記。

---

① 關於在克盧尼（Cluny）的班尼迪克修道院（Benedictine Monastery）組織的討論，見Duby（1974，頁213-221）。

② 見Previtt-Orton（1966）第1卷，第12章。

　　封建制度逐漸出現在西北歐，那裡的氣候明顯不同於希臘羅馬文明所在的地中海沿岸，前者豐富的降雨量、茂盛的森林和厚實的土地，與地中海地區對比鮮明。儘管葡萄栽培已向北推廣至隆恩河谷（Rhone Valley），但高盧和英格蘭比地中海沿岸更適合養殖家畜和種植穀物。氣候條件的細微改變，會使農業產出發生較大的、甚至有時是災難性的變化。

　　在刻畫這一千年的結構時，我們可以說，這是一個日耳曼制度與羅馬制度融合的時代，這種融合是經過不斷的戰爭、入侵和變亂所造成不斷消長的狀態。卡洛林帝國的興起 p.126以及在查理曼（Charlemagne）大帝的統治下，它看起來似如羅馬帝國在西方的再現；但是在維京人（Viking）、馬札爾人（Magyar）和穆斯林入侵的影響下，它又很快瓦解了。更為緩慢興起的封建結構，它包含具有分權式政治組織、階層式的財政義務關係，和以相對自給自足為特點的莊園式經濟結構。經濟活動復甦了，地區性和長距離的貿易成長了，城鎮發展了，城鎮手工業者的產出增加了，貨幣經濟擴張了。最後，封建莊園式的結構在以饑荒、瘟疫和戰爭為主的一個世紀內瓦解了，逐步取而代之的是更大的政治單位和一整套對土地、勞動和資本的財產權。這些財產權因君主和人民集團之間的談判能力而有所不同。

II

　　本章的焦點在封建制度的興衰，人口變化和戰爭是解釋

其中結構轉變的關鍵。戰爭是政治單位規模和結構的決定因素；人口變化則透過影響土地和勞動的相對價格，從而在改變經濟組織和財產權方面有同樣的決定作用。首先讓我界定一下封建／莊園的一般特徵，然後探討人口和戰爭在此一制度興衰中所扮演的角色。

十世紀的西歐經濟有下列的初始條件。法律和秩序一般只存在於人們定居區域的邊界以內，這一條件嚴格限制了貿易和商業。產品通常比勞動力更難流動，因為產品流動受制於較高的交易成本。雖然土地較多，但只有在與勞動力結合並得到保護之下才有價值。由於土地相對豐裕，當勞動與土地結合生產產品時，勞動呈現平均成本不變。由於城堡具有不可分性，因而保護在一定程度內具有規模經濟。然而，當受到領主保護的居民數目增加時，耕地與城堡之間的距離就會增加，並最終引起保護成本上升。簡言之，保護呈現出經濟學家們非常熟悉的U型成本曲線。莊園的「有效率」規模，取決於提供保護的邊際成本與領主所得到的勞動邊際產品價值（即稅收）相等的那一點。

p.127

地方城堡和騎士是保護的關鍵。地方領主與上級封建領主的連結關係，一直達於最大的領主——封建義務階層中的國王。地方領主與國王之間可能有若干等級，而在每一個等級上，較低的領主要向其直屬上級提供騎士服務。封建制度的財產權，實際上是有條件地轉讓土地使用權，以換取軍事服務。封建制度在從羅馬帝國崩潰以後幾個世紀的混亂中興起。這個過程中，領主及其騎士成為既是軍人階級，又是高

度專業化的統治階級，他們的生存及其存在理由（raison d'être）就在於軍事技術。③籠罩在這個階級上的意識型態光環就是騎士精神（chivalry）。騎士精神這一名詞使人想起亞瑟王、圓桌武士、騎士行為和謙恭有禮的戀愛故事，但實際上，騎士精神的作用更是作為一個靠暴力為生的階級安身立命的理由。

　　這一結構使得產品和勞務能交換各式的保護和正義。它的基礎是奴隸、農奴和自由勞動者。儘管一些奴隸制延續到中世紀，但莊園的典型組織是以莊民和自由民為基礎。《簡明劍橋中世紀史》（*Shorter Cambridge Medieval History*）（頁424－425）把莊園的結構簡要地歸納如下：

> 莊園村落最具特色的形式是英格蘭的「莊園」。雖然其分布範圍最小，但成為組織最嚴密、持續時間也最長的形式。它包括經濟和行政兩個不同的要素，並從而力求達成兩個密切相關的目標，即村民的生存和領主的利潤與權威。鄉村社區是整體莊園的基礎。在簡要的描述中，只能就無數的特例做平均狀況的說明。標準的村民（villanus villein）應當擁有一塊三十英畝的院地（yardland）或條狀地（virgate）（或其一半十五英畝，

---

③ 本章前面提到過達比（Duby）的著作，其法文書名是《士兵與農民》（*Guerriers et Paysans*），原書名比平淡的英文書名更能表現出達比對七世紀至十二世紀研究的精髓。

p.128

稱為bovate）。它們條狀地零星散布在三塊或兩塊莊園
的開放農地上，莊園或許與村莊合而為一，或許只是村
莊的一部分。村民按莊園的慣例（其「習俗」）對他們
的條狀地進行開墾、粗耕、播種和收割；在開放農地上
耕作而想要獨立耕作，幾乎是不可能的。每年從二或三
塊農地上（如果情況可能）輪流空出一塊地來休耕，並
且敞開放牧牲畜，而已耕地則用柵欄圍起來。村民的牲
畜有一定數目可以自由地在「荒地」上放牧；他們也有
自己的牧草地。在開放農地上，佃戶的條狀地與莊園領
主保有的條狀地，即領地（demesne），錯落相間。但
是，有一種很強的趨勢，傾向於把領地集中獨立在一個
家庭農場上。這種關係之中，村民承擔大部分為了保有
租地而必須付出的勞役。每個莊民家庭（一個勞力）要
負擔每週通常在領地上做三天農作，稱作週役（week-
work），還包括使用自己的犁、牛，以及完成各項雜務
和運輸。佃農（cottar）的財產相當少，當然應付出的
勞動也少。在收割的農忙期，還須進行各種附加的非定
期勞役（boon-work），自由民、佃農和其他凡是占有地
產要交付租金，或承擔自由契約內其他條件的人，都要
擔任這類工作。不過，自由民可以按莊民租佃制擁有土
地，反之亦然。對莊園荒地的開墾（或稱assart）通常
不須負擔莊民的重稅。在莊園裡，莊民和自由民要承擔
各種賦稅，舉凡家禽、雞蛋和特殊的支付都須納稅。莊
民除束縛在土地上外，在女兒出嫁時要付出一筆勞役罰

金（merchet）作為結婚稅（formariage）。另外，在死亡時要付出最好的牲畜作為遺產稅（heriot），或稱死亡金（mainmorte），他得按領主的意旨交錢納捐；他的穀物得堆放在領主的磨坊裡，而在法國，莊園的烤爐和榨酒器都由領主壟斷。莊民可以被推為采邑的管事，或擔任管理鄉村莊園經濟的小吏。不過，農奴的狀況隨著莊園慣例的發展有所改善，那些慣例規定了莊民必須苦於應付的苛捐雜稅，並且保證他所能繼承的財產。他可以像自由民一樣出席莊園的法庭，莊園的慣例及其執行情況，是在莊園法庭上宣布的。擁有許多莊園的領主，會派管家或稅吏收利取息和徵收農產品，作為他日常起居的供給。簡言之，村民除了自己的維生口糧外，他們的勞動要供應軍事統治階級和相關的神職人員衣食之需，而他們從這兩種人那兒可以得到短暫的安寧、正義和教諭。

如同封建階級的上層結構一樣，莊民和自由民的財產權是他們用上述勞役、實物和貨幣支付，所換得之有條件的土地使用權。這種莊園結構有三方面一直是許多爭議的焦點。這三個方面是：勞役是農奴和自由民向領主履行義務的主要形式；農奴制基本的制度特性；以及在前面的引文中所描述 p.129 個別勞動者的條狀地在開放田野上的分布狀況。

在較早的研究（1971, 1973）中，湯瑪斯（Robert Thomas）與我對勞役形式和農奴制的特性做了一種解釋。

我們認為，勞役是因為形成有組織的市場之交易成本太高，以致排斥了專業化和交換。在此情形下，以分配勞役的方式生產所需的產品和勞務的組合，可以用較低的成本得到所想消費的產品項目。總之，對於領主而言，利用他所掌握的勞役來生產他所需的產品，比起他每次與農奴就他希望在下個季節消費的各種產品進行談判，前者所需的成本較低。缺乏市場使得勞役成為最有效率的經濟組織，儘管這種安排之下存在著逃避義務的誘因。莊園的慣例（法律），界定了用於各項任務的勞動時間、派遣管理人員監督農奴的勞動及懲罰偷懶的人，因此逃避義務所帶來的成本得以減少。

關於農奴制的制度特性，我們認為基本上它如上面所述，是一種契約的性質，而莊園制最鮮明的特徵，就是農奴—領主間契約執行的性質，並不存在無私的第三者來執行這項交易。莊園法庭由莊園領主或他的代表擔任法官所執行的莊園慣例，是一種不成文的法律。而莊園領主在與農奴打交道的過程中，是涉及利害關係的一方，看起來這種安排帶給領主許多機會去剝削農奴。然而，領主也面臨一種能有效約束其權力的限制。勞動是稀少的，而且領主常常為得到農奴而展開競爭，因而不大可能會歸還逃亡的農奴。所以，領主願意去遵守包括在莊園慣例裡的契約規定，並且在解釋這些規定時很「節制」。如果領主不這樣做，他的農奴可能會以逃離莊園的方式毀棄契約。

我們對於勞役和農奴制契約關係的論點，引起相當大的爭議，我們從這些爭議中獲益匪淺。根據這些批評和後來有

關這一主題的文獻，我要修正這兩項論點。④

　　對我們關於勞役論點的主要批評是，十至十二世紀的市　p.130
場比我們所指的要廣泛得多，因此，靠市場獲得消費品所需
的交易成本，並不比分配勞役的交易成本高。波斯坦
（Postan，1972，第11章）令人信服地說明了中世紀英格蘭
的貿易超過我們的模型所指的。達比（Georges Duby）曾描
繪一幅歐洲大陸北部在西元1100年以後勞役制瓦解的畫
面，其中貨幣經濟的發展占有關鍵地位。領主發現從販售自
由、麵包烤爐和磨坊中取得壟斷收入，以及用支付租金代替
勞役，更有利可圖。簡言之，「放棄『人工』是明智之舉，
因為勞役帶來的「粗心、無能、怠慢和僵固」使產出小而成
本高，因此寧願用這類「人工」交換落入農民手中的現金，
這時現金已比過去遠為寬裕」（Duby，1974，頁226）。⑤達
比的推論是，在因素市場和產品市場上的貿易和貨幣交換的
發展，早於我們分析中所說的時間，雖然他的論點並不否認
較早期的勞役是來自於貨幣經濟產生以前所存在高昂的交易
成本。⑥

　　湯瑪斯與我就農奴制的基本性質所提出的論點更受人批
評，這既是因為我們把這種關係放入一個契約的架構，也是

---

④　見Fenoaltea（1975a）。
⑤　第8章討論了貨幣支付發展的一般趨勢。
⑥　Fenoaltea（1975b）提出一種不同的交易成本觀點解釋勞役，這種觀點
　　將勞役的基礎視為領主用在自己領地上的優良技術，或一種經濟上無效
　　率但能維持領主較高社會地位的經濟組織形式。

因為我們沒有充分地強調這種作法的片面性。當我們描述這種結構時，我們的說法太像是支付勞務和實物以換取保護和正義的平等貿易。但是，芬諾亞提（Fenoaltea, 1975）正確指出，保護和正義並不真是公共財，因為可以用很低的成本就把農民排斥在外。[1]一種更精確的觀點，同時也是與第一篇所提出的政府理論相一致的觀點是，武士階級向農民強行徵收所得的作法類似於黑手黨。卡漢（Arcadius Kahan, 1973）在仔細分析農奴制時強調，用現代的契約觀分析農奴─領主關係，是強加一種誤導的現代概念。農奴受領主的管束，其行為和活動受其地位的嚴格限制；不存在自願性的合約。不過，有必要再次強調我們分析的重點，那就是，領主和農奴的機會成本在邊際上的變化改變了莊園制，並最終導致它的崩潰。

持續存在著零散的條狀土地，已經激起許多交易成本的論點，解釋何以在標準莊園三田輪種的土地上，一名農民會明顯無效率地在許多分開的條狀土地上從事勞動。對此有人曾提出兩類解釋。一類解釋認為，這是農民村落針對持有集中土地的巨大風險做出的反應──即實施一種保險計畫──的結果（McClosky, 1976），或者是以大面積土地作為一個單位，以便實現動物放牧的規模經濟二元生產函數結果──因而是村落統治單位所堅持的（Dahlman, 1980），或者是多

1　經濟學的定義「公共財」為具有「共享性」（non-rivary）與「非排他性」（non-exclusiveness）兩種特徵的財貨。

p.131

數村落成員具有平等分配想法的結果（Georgescu-Roegen, 1969）。

　　一類與此不同的解釋，強調統治者與被統治者之間的剝削關係，而認為零星分散土地的持續存在，是領主致力於監督莊民和自由民的產出，以便減少偷懶行為的結果（Hall, 未出版），同時也是領主為使農民占有的土地減到最小，從而增加領主的領地（和所得）所造成的結果（Kula, 1976）。

　　曾經存在條件上的差異以及作法的多樣性，使我們不可能有效區分有關存在條狀土地的各種解釋。各種說法都有支持的證據，也有矛盾的證據。然而，在第一篇中提出的政府模型之下，領主監督產出，為增加自己的所得而犧牲農民的利益，乃是一種合理的反應——如果領主的機會成本容許這樣的作法。[7]

III

p.132

　　在一千年裡導致變遷的兩種主要力量，是人口與軍事技術及組織。我們對於有關第一種力量的知識，充其量也只是零碎的。學者們一般認為，羅馬帝國晚期的人口在減少。這種人口的減少，在西元六世紀可能由於鼠疫爆發而加速，這項疫疾流行似乎一直持續到七世紀。假使按達比（Duby,

---

[7]　東歐晚期的農奴制似乎符合這一模式，這是 Witold Kula 重要研究的核心。

1974，頁71）的想法，此後的人口開始增加，由於混亂狀態持續存在，人口增加的速度必定非常緩慢。

但是，封建制度為這個混亂的世界提供秩序和安全的辦法，並且導致人口和經濟活動同時擴張。西北歐仍然森林茂密，有充足的空間供人口成長。當人口擴張最終導致地區範圍內的擁擠和報酬遞減時，合乎邏輯的結果就是向外殖民：從荒地中開墾出新的莊園。拓疆運動從而發展。新莊園遍及西北地區，並且增加來自貿易的潛在利益。由於新莊園減少莊園之間藏匿土匪的無人之地、鼓勵那些能夠發揮專業技能生產工藝品的城市發展，以及使得有人定居於各種有不同因素資源的地區。勃艮第（Burgundy）、波爾多（Bordeaux）和莫色耳（Moselle）的葡萄酒、英格蘭的羊毛、日耳曼的金屬製品、佛蘭德斯（Flanders）的毛呢和波羅的海的魚與木材，都在資源和人力資本投資方面看得出不同的因素稟賦。簡言之，拓疆定居的運動使得貿易的交易成本下降，貿易的利益增加。

城鎮建立了自己的法律體制，並逐漸建立了自己的商業法庭。儘管早期城鎮法律的執行可能要借助於放逐違法者（ostracism），但畢竟還是形成了地方政治機構的警力。當商法條文制定以後，它們獲得廣大地區的承認——例如德奧倫（D'Oleron，靠近法國的拉羅謝〔La Rochelle〕）的法條，在十二世紀時在佛蘭德斯、荷蘭和英格蘭受到廣泛承認。

p.133　　在城鎮裡，行會在地方的製造業者和商人的需要之下應運而生。非農產品的生產所牽涉的財產權，不可避免地受制

於行會。早期的行會是自願性的結合，但很快就被法律認可為官方的一部分。行會提供一套早期的規則，連同民間治安力量保護成員的財產，但到了十二世紀末期，行會就已成為義大利城市政府行政的一部分。

人口成長造成的全面報酬遞減，在十二世紀就已出現在西歐。接著，因素的相對稀少性發生變化：勞動價值下降，而土地價值上升。土地價值上升導致人們設法提出排他性的所有權和可轉讓性。如果每個居民都可自由使用莊園內公共土地，那麼莊園內的公共土地就會被過度消耗。針對這種過度消耗的回應，是在莊園的慣例中限制土地的使用。限制一個家庭在公共土地上放牧家畜數量的節制成為慣例。在十三世紀的英格蘭，經歷了廣泛的土地法規的發展，圈地（enclosure）運動的開始，終至土地讓渡正式合法。在勃艮第、香檳（Champagne）和法蘭西（France）也出現類似的發展。土地價值上升增加了人們去變更財產權的誘因，使得日益稀少的資源能夠被更有效地利用。⑧

十二世紀和十三世紀是國際商業繁榮的時期。本章不足以詳細追溯在有組織的產品和因素市場，取代地區自給自足和以物易物的過程中所創立的制度安排。香檳市集（Champagne Fairs）、正值萌芽的威尼斯（Venice）、熱那亞（Genoa）和義大利其他城市的地中海貿易，佛蘭德斯金屬和

---

⑧　關於土地和勞動財產權變更的更詳盡討論，見North and Thomas（1973）一文。

布匹貿易的城市化，只是這一時代商業擴張的一些重要現象。以本章的觀點來看，最有趣的層面是，財產權保護從原來自願性團體進行的民間糾察轉向政府管理。各處的國王都給旅行的商人安全保證（要收費）、保護外國商人並給他們
p.134　特別的貿易優惠、執行商務法庭的判決，以及向正在發展的城鎮賜與或轉讓財產權。

　　毫無疑問，非農業部門的生產力因交易成本降低而顯著提高，不過，這一部門仍只占全部經濟活動的一小部分。人口成長使得農產品價格相對於其他產品價格上升，並使實質工資下降。人口成長加上報酬遞減，使大多數人們的生活水準下降。農業生產受到影響：家畜相對減少，穀物相對變多。在農民飲食的變化中，碳水化合物取代蛋白質。西歐人口接近只能維持基本生存的水準，能否生存變得不確定。在十四世紀初期，西歐大部分地區發生的饑荒就證明了這一點，而饑荒只是發生更不幸事情的前兆。西元1347年的瘟疫在地生根，一再復發，因此，很可能一個世紀內人口在下降。[2] 結果，貿易和商業大幅衰退。西歐在經歷著馬爾薩斯危機。

　　在非農業部門，這種危機最明顯的結果就是，行會勢力上升起來保護地方手工藝者，應付迅速衰落的市場。行會保護地方壟斷以防止外部競爭侵入的勢力，往往因國王和大領

2　1347年歐洲發生黑死病，其毀滅性的影響在於之後各地後續間隔性地出現多次疫情。

主的強制力量而加強。漢撒聯盟（Hanseatic League）[3]很大程
度上代表城市的一種防禦性聯盟，旨在保護其萎縮的市場不
受其他敵對城市的競爭。

　　農業部門又回到土地豐富而勞動缺乏的時代。各處的貧
瘠土地乏人耕種，發生從種植穀物到牧養牲畜的轉變，實質
工資上升，地租下降。相對的談判力量從領主轉為有利於農
民。當逃向城市（只要待上一年又一天後就獲得自由）成為
一種擺脫地方領主壓迫的選擇時，農民的機會成本得到改
善。儘管地主們不斷努力去管制最高工資，但地主之間的競
爭不僅使佃農提高勞動報酬，而且導致佃農得到更多的自
由；結果，農奴制的主僕關係式微，而贖身券的權利獲得承 　p.135
認，並結束了奴隸義務（雖然在英格蘭，直到1666年才在
法律上消除奴隸義務）。在十三世紀的英格蘭，自由民已擺
脫莊園法庭的管轄，並開始受到國王朝廷的保護。莊民也漸
漸地受到國王的司法治安保護，莊園法庭慢慢地失去管轄
權。十四與十五世紀人口下降，的確造成像是倒退回到黑暗
時代的混亂和烽火連連，從而使財產權益發不安全。但是，
貿易儘管衰退，卻並沒有消失，市場依然存在，而且貨幣經
濟隨之存在。

　　本節前文所描述的變化，出現在整個西歐。人口的壓

3　在波羅的海與北海沿岸的海港城市組成的貿易互惠聯盟，活躍於十四至
　　十七世紀。這些城市分屬不同的封建王國或領主，為了保護貿易利益而
　　聯合，互相提供保護與優惠。

力、饑荒和瘟疫的發生，各地區雖有不同，但或多或少整個
西歐都經歷了因素相對稀少的變化。然而，制度安排和財產
權方面對這些變化的回應，在西歐各地是不同的。為理解適
應這些變化的不同調整型態，我們必須轉而考慮造成中世紀
變化的其他因素，那就是軍事技術和組織。

IV

前一章結尾討論到，軍事組織的規模經濟讓大國得以建
立，並且在廣大領土上維持秩序，而在羅馬帝國晚期，這種
規模經濟消失了，或者嚴重地削弱了。在緊接著的一千年
裡，以搜刮、掠奪和敲詐為生的武士階級站上歷史舞台。這
個階級僅短暫地受到卡洛林帝國約束，即使隨封建制度出現
相對較多的保護和秩序，也並未從根本上改變這種生活方
式。戰爭一般規模不大，但無所不在。然而到了這個時代的
末期，戰爭的特性基本上改變了，而武士階級已過時了。

當西元753年馬特（Charles Martel）在普瓦捷（Poitiers）
擋住阿拉伯人時，西歐的混亂狀態暫時中止。到西元800
p.136 年，查理曼已吞併和征服從伊斯蘭教的西班牙到薩克森
（Saxony）、巴伐利亞（Bavaria）和倫巴得義大利（Lombard
Italy）的廣大地區。在那一年的聖誕節，查理曼在聖彼得大
教堂（St. Peter's Cathedral）接受教皇的加冕成為國王。以
後的卡洛林復興與早期的「黑暗時期」明顯不同，但卡洛林
帝國在九世紀的分裂和崩潰，證明政治經濟單位的生存規模

變得較小。沒有集權的行政管理和財政結構出現，實際上乃是因查理曼的天賦暫時把這一個帝國結合在一塊。不公平的繼承引起內戰。來自維京人、穆斯林和馬札爾人三方面的進攻，加速它的瓦解。[9] 維京人在西元786年襲擊英格蘭沿海，795年攻打愛爾蘭，799年出現於高盧。西元841年倫敦遭到洗劫，海盜乘著長船沿河而上，襲擊各地許多城市，如北方的盧昂（Rouen）和南方的土魯斯（Toulouse）。穆斯林的戰船在地中海襲擊基督教徒的船隻，並且從南義大利掠劫到普羅旺斯（Provence）。匈牙利人的騎兵沿著古羅馬大道於西元915年襲擊不萊梅（Bremen），並由此向西，直至西元937年襲擊奧爾良（Orleans）。

遙遠的國王無法保護人們免受劫匪攻擊。可行的辦法是建立堅固的城堡和全副武裝的騎兵。馬鐙的普及大大增加了騎兵對步兵的相對優勢，因為馬鐙給了武裝騎士在馬背上結合人和馬的力量攻襲敵人的槍桿（White, 1962）。前文勾畫的封建制度階層的分權結構就是其結果。於是出現本章前面所描述的區域秩序和經濟擴張的復甦。此外，維京人在北歐定居下來，並已成為該結構的一部分。

軍事上的結果就是產生對峙局面，它延續小規模政治經濟單位的生存。無人能破的城堡，唯有能耐久和財力最富裕的遠征軍，才能夠長期圍攻城堡，用飢餓逼迫城堡裡的人開

---

[9] 關於卡洛林帝國崩潰的敘述，見 Previtt-Orton（1966），第1卷，第14章。

城投降。戰爭的特徵，一般都是在全副武裝的騎士之間展開
的小規模戰爭。

　　但是，如果說軍事技術曾鞏固封建結構，則其造成的經
濟活動之復興，最終又逐步削弱這種結構。貨幣經濟的發展
p.137　產生免役稅（scutage）──一種免服騎士役的貨幣支付。國
王現在可以僱用傭兵，以免於依賴一年四十天的騎士兵役。
這時皇家軍隊的規模依皇室的荷包而定。長期之下，諸侯的
實際權力削弱了，以前諸侯在軍事上若強過國王，總會構成
對國王的威脅。但在短期──整個十五世紀──更多的戰爭
和混亂，為傭兵提供廣大的市場。當傭兵發現敲詐勒索和搶
劫有利可圖時，由傭兵組成的盜匪成了西歐大患。當傭兵在
輾轉受僱於戰爭的雙方之間，他們就靠這類謀利的機會而生
活。

　　從十三世紀到十五世紀末期的這段時期內，在軍事戰爭
方面出現重大的技術變動。[10]陸地戰爭中有長矛、長弓、大
炮及最後出現的前膛槍，在海上則有造船技術的發展，配合
大炮的使用。西元 1302 年在庫特萊（Courtrai），佛蘭德斯人
的長矛兵證明了全副武裝的騎士不能抵抗長矛方陣。在克雷
西（Crecy），英格蘭弓箭手和騎士的配合之下擊潰法國人，
這種情形在普瓦捷和愛金科（Agincourt）又重演了。在十五

---

[10]　關於十五世紀陸上戰爭的討論，見《劍橋中古史》（*Cambridge Medieval
History*）（1969），第 8 卷，第 21 章。關於海上戰爭的討論，見 Cipolla
（1966）。

世紀（1450年在佛米格尼〔Formigny〕和1453年在卡斯蒂隆
〔Castillion〕），法國人用野戰炮反敗為勝，在英國射手走進
射程之前，就將英國軍隊的陣式給摧毀了。此外，攻城大炮
的出現，摧毀城堡所具有長達幾個世紀的堅壁；1449年到
1450年之間，法國人重新占領英國人在諾曼第（Normandy）
的大部分要塞陣地。

　　我們已經注意到，從瑞士的長矛兵到英國的射手，職業
傭兵是在中世紀晚期有用的軍力，而且是有利的職業。傭兵
不僅帶給敵人威脅，而且當傭兵不再受僱支薪而去搶劫鄉村
的時候，傭兵也構成對雇主的威脅。為了直接解決傭兵搶劫
問題，法國的查理七世（Charles VII）於1445年在西歐建立
第一支常備軍。⑪其效令部隊（Compagnies d'Ordonnance）
的建立，是由一萬兩千名士兵組成的軍隊，每個服兵役的人 p.138
每月可得到十個利浦托勒（livre tournois），每個士兵的「幫
手」（retinue）每月可得到四至五個利浦托勒。

　　交換經濟的發展，是否是戰爭最適規模得以擴大的充分
條件，或者技術創新是否擴大了這個規模，仍然存在著爭
議。無可爭議的是，戰爭的最適規模擴大了。因此，政治生
存的條件急劇地改變。現在，生存不僅需要較大的軍隊，而
且需要訓練有素的戰鬥部隊，配備昂貴的槍炮等裝備。手持
長矛的盔甲騎士的時代已經過去，騎士精神的時代結束了。
陸地和海上（在海上，軍艦的規模和武裝都大幅度增加了）

⑪　土耳其士兵已經證明東歐常備軍的優勢。

戰爭急劇改變了生存所必需的財源規模。⑫

　　在此，我們暫停經濟史的敘述，以便用經濟理論做一類比。讓我們考察一下有許多小企業的競爭性產業的情況。考慮一項就市場規模而言有顯著規模經濟的變化，以致廠商的有效率規模必須變得更大。從原來的競爭均衡邁向一種新的（可能是不穩定的）寡占的過程如下：原來的小廠商必須擴大規模或者合併，否則就會破產；生存的競爭會變得很激烈，其必然結果是出現少數具有最適規模的大型廠商。即使如此，這種均衡可能仍是不穩定的。在寡占的情況下，會出現不斷地勾結和控制價格，但個別廠商違背這樣的安排總有些好處。其結果是，惡性競爭的年代裡常有間歇性的聯合勾結。

　　如果我們把上述描述與中世紀晚期的政治世界做個比較，我們會發現明顯的相似之處。在1200年到1500年之間，當地區性的莊園被新興的民族國家所取代之際，西歐的許多政治單位都經歷許多衝突、聯盟和合併。這幾個世紀經歷規模越來越大的謀略和戰爭。儘管國家的規模有時在擴大，但關鍵因素是增加稅收的能力，而不是簡單地擴大政治機構的規模。力求壯大的民族國家面臨迅速增加的支出，一年的戰爭至少相當於增加四倍政府的成本[4]——而大部分年

p.139

---

⑫　見Bean（1973）以及Ringrose和Roehl（1973）的評論。

4　此處原書遺漏了資料來源，不知道戰爭增加四倍的政府成本之說來自何處。

代裡戰事多和平少。過去一直能自己供養的國王再也不能這樣繼續下去了。王室不斷受到財政危機和日益增加的負債所困擾，並且常常被迫鋌而走險。國家破產的幽靈是一個不斷出現的威脅，而破產又常常變成現實。

遲至1157年，佛蘭德斯伯爵的收入，仍有很大一筆是實物收入。實物所得在法蘭西皇室的收入，持續到十三世紀。在封建時代，皇室為了消費要實物的各類物品和勞務，慣例地從國家的一個地方搬到另外一個地方。隨著貨幣經濟發展，收入日益貨幣化了。然而，在十四世紀和十五世紀，由於人口減少導致地租減少，收入也減少了——而這正是非常需要更多的收入維持生存的時候。

面對收入減少和財政開支增加，歐洲的君主面臨每況愈下的困境。習慣和傳統限制了君主從較低層的領主那裡可以強行徵收的收入。就像「大憲章」（Magna Carta）[5]所宣示的，一位逾越公序良俗的國王，就面臨反叛的可能性。許多國王的諸侯幾乎與國王一樣強大（事實上，此時勃艮第公爵遠比法國國王強大），而且諸侯聯合起來時當然更強大。通常不只一名競爭者欲爭奪王位。即使沒有主動的競爭者，強有力的諸侯仍是嚴重的威脅。他們會推翻國王，或者與外部的入侵者串通，勃艮第人就是這樣和英格蘭人一起對抗法國王室。增加稅收會使一個歐洲王室陷於險境。

5　英格蘭國王約翰（John）於1215年同意簽署，限制國王的司法審判權，以及對貴族的徵收額度。

　　有可能進行借債——實際上，這是應付由戰爭所引起短
期財政危機的一種主要財源。由於不能為債務控告君主，於
是出借者會要求高利率，並且通常會偽裝以便逃避高利貸法
（usury laws）。為了彌補高風險，貸款常常要附帶抵押品
p.140　（通常抵押品是王室的土地、王室的珍寶、包攬關稅和某些
壟斷性的特許）。倒帳情況時常發生。愛德華三世（Edward
III）[6]拖垮了培魯茲（Peruzzi）和巴第（Bardi），後來，查理
五世（Charles V）和菲利普二世（Phillip II）[7]害慘了熱那亞
人和佛格家族（Fuggers）。[8]

　　國王可以依靠貸款度過戰爭；但面臨可怕的還款任務
時，他就需要財政收入。建立經常性收入來源用以償還戰爭
借款的必要性，影響並決定著官方和民間部門的關係。[13]

6　英格蘭國王（1312－1377年），在位期間開啟英法百年戰爭，雖然提升
　　英格蘭的地位，但造成龐大的財政負擔，拖垮了培魯茲和巴第這兩個出
　　身於義大利半島的家族財團企業。兩家族在1344年先後破產多次。

7　查理五世（1500－1558年）是西班牙國王，在1519－1556年成為神聖
　　羅馬帝國皇帝。菲利普二世（1527－1598年）為查理五世之子，於
　　1556－1598年在位時，西班牙國力極盛，尤其在美洲殖民地有龐大收
　　穫。兩人的統治期間被稱為西班牙的黃金時代（Golden Age）。

8　出身日耳曼的Augsburg的家族財團，在十六世紀與其他財團提供大量
　　貸款，支持西班牙在海外殖民地的擴張，卻被國王拖欠與倒債而嚴重受
　　害。

⑬　它也對教會的相對衰落產生重要作用，而教會在中世紀累積大量的財
　　富。如同本章前面所提到，在這一時期，教會一直是國家政府的競爭
　　者，它在無休止的陰謀活動中居於中心地位；但新興的政治單位找尋收
　　入之際，對教會的收入和財富進行徵稅和沒收，日益富於誘惑性。被教
　　宗除名的威脅，似乎不如毀滅在敵人手裡那麼可怕。

統治者的自由度變化很大，他能沒收財富。當國王能以國民正受到襲擊或入侵的威脅而說服國民時，他就能強行借款。他能夠授予特權——財產權及對財產權的保護——以換取收入。顯然，國王接替莊園領主實施財產權保護，有一些經濟的利益。當貿易和商業的發展超出莊園和城鎮的範圍時，農民、商人和運輸者就發現，更大的強制性權威可以降低私人保護的成本。民間部門和官方之間存在互惠交換的基礎。由於民間部門的個人總是有白搭便車而逃稅的動機，所以，國家就有必要找到一種可考核並易於徵收的所得來源。與現代的稅收結構相比，那時並沒有能從事這類活動的制度結構。因此，正興起的民族國家從容易課稅的經濟活動中找尋收入來源。統治者有不少可以採行的辦法。

在對外貿易對經濟很重要的地方，衡量貿易範圍和徵收稅款的成本通常較低，尤其水運貿易更是如此，因為港口的數量有限。但是，如果貿易主要是在城鎮以內或小地理範圍內的地區進行，或者在以是國內貿易為主的地方，衡量和徵 p.141 收的成本通常都較高。因此，對外貿易是一項比國內貿易更有吸引力的潛在收入來源。

這時所採用的另外一種辦法，就是把某些特定的財產權轉讓給那些買得起的團體，或者制定法律，禁止那些威脅到政府收入的活動。這裡我們只能列出君主用財產權換取收入的大批（和精巧）其中一些方法。英格蘭於西元1290年把土地轉讓權授予自由農民（通過《奎雅‧恩普特斯法》〔Statute of Quia Emptores〕），在西元1327年又授予貴族，因為不這

樣做，國王就會因諸侯再往下分封土地而損失收入。[9]後來，又制定了《遺囑法》（Statute of Wills）。西元1540年，允許土地繼承，因為王室面臨大量土地的多方「使用」，而損失了收入。[10]在法國，香檳和安柔（Anjou）等地也制定類似的法律。這類法律不僅能防止收入損失，而且也使得國家可以對土地轉讓課稅。授予城鎮貿易和壟斷的特權以換取每年的付費，給予外國商人合法權利並免除行會的限制，也是為了換取收入。給予行會排他性的壟斷特權以換取對王室的付費，對進出口產品徵收關稅來交換壟斷特權。

　　在大多數情形下，王室最初都是被迫同意「代表」機構（如英國的議會、法國的三級議會）控制稅率，以換取他們投票贊成增加收入。在有些情況下，這些代表機構保留了這種特權；而在另外一些情況下，代表機構又失去了這種特權。後一點必須特別加以強調，並做進一步的闡釋，因為它是我們觀察到歐洲未來不同發展型態的關鍵。統治者為了得到生存所需的稅收，必須放棄什麼？也就是說，是什麼決定統治者相對於國民的談判能力？前述的觀點認為，有三種基本因素影響談判過程：（1）國家從地方領主和自願組織那裡

9　由於自由農民獲得了財產權，貴族諸侯將土地分封後，就授予了土地產轉讓權，而減少擁有的土地權利，也隨之使國王的收入減少。因此，國王再以土地轉讓權授予貴族換取收入。文中雖稱這些方法精巧，但亦有其不得不為的壓力。

10　准許繼承可以確定當土地所有人死後財產權改由何人擁有，可以繼續徵收賦稅。否則，收稅的成本將升高。

接管對財產權的保護，而帶給國民潛在利益的程度；(2)國
家的競爭者提供相同服務的能力；(3)決定政府課徵各種稅
的收益和成本的經濟結構。

　　在下一章，我們將檢視這三個因素怎樣影響在法國、西 p.142
班牙、荷蘭和英國出現的政府類型，以及政府的類型如何影
響這些國家的經濟成長。

近古歐洲的結構與變遷

I

　　從西元1450年到1650年這兩個世紀中，歐洲有兩個顯著的特徵。第一個特徵是，大範圍的探險、開發和貿易，以及向新世界和東印度群島的殖民；第二個特徵是，政治經濟單位以嚴重危機的程度進行結構轉變。擴張的結果，最終是使世界其他地區和西歐國家結成為一體，但其短期結果是擴大了市場，增加獲利機會，以及接著又為了實現這些機會而產生推動結構轉變的政治壓力。由此產生的結構轉變，造成過去三個世紀裡經濟成長的基本條件。[①]

---

① 引起長期變遷另一個同樣重要的力量，就是這幾個世紀現代科學（modern science）的發展，但由於科學學科發展所產生的經濟效果，在時間上要晚得多，因此這個問題放在以後幾章裡分析。

II

　　皮倫（Henri Pirenne）在二十世紀初期的著述中，認為
黑暗時代歐洲的發展，從根本上受到伊斯蘭教勢力的影響。
p.144　伊斯蘭教勢力一直包圍著歐洲，抑制了貿易，最終驅使歐洲
人離開地中海，轉向大西洋（Pirenne, 1939）。史學家們提
出類似的觀點，來解釋後來的探險和殖民模式；這種看法認
為是在1453年土耳其人征服君士坦丁堡之後，阻斷了歐洲
與東方的香料貿易，致使葡萄牙人（和其他國家的人）去尋
找另一條到達東印度群島的通路。

　　兩種假設都經不起嚴格的批判。在黑暗時代，貿易依舊
繼續於整個地中海盆地進行，儘管規模大幅縮小，但並沒中
斷；土耳其人占領通往東方貿易的要道以後，香料貿易仍繼
續活躍在地中海東部。但是，這兩種假設都包含一個重要的
解釋因素：相對價格的變動。就皮倫而言，比起其他潛在的
貿易，地中海貿易變得**相對地**較不安全；就以香料貿易而
言，土耳其人的征服，提高另找一條到達東印度群島通路的
潛在報酬率。

　　葡萄牙王子亨利（Henry）展開非洲海岸探險的動機，是
「侍奉上帝，求財致富」。低估套在物質追求上的意識型態狂
熱是不對的，因為在這整個時代中，侍奉上帝的思想限制了
人們的選擇範圍（至少短期如此）。但是，尋找黃金、香
料、白銀和奴隸及更普通的貿易產品，才是基本的驅動力，
導致葡萄牙人、西班牙人、荷蘭人、英國人和法國人繞過好

望角（Cape of Good Hope，又稱暴風角〔Cape of Storms〕，
可顧名思義）重新發現美洲，占領和掠奪馬雅（Maya）和
印加（Inca）文明、探尋西北通道（Northwest Passage）；互
相爭戰，並與穆斯林和土著居民進行戰爭。到十七世紀中
期，世界的基本輪廓已被發現（或重新被發現），對以後的
發展有長期影響的殖民型態已經形成。羅馬教皇的勒令劃定
一條假想的界線，把巴西劃歸葡萄牙，把中南美洲其他地方
劃歸西班牙。荷蘭人雖然在貿易方面卓有成就，但只有在把
葡萄牙人驅逐出巴西海岸和在北美建立立足點（新阿姆斯特
丹）[1]取得短暫的成功。然而，荷蘭人在航海和貿易方面的效
率很嚴重地影響法國，以及特別是英國的對外政策。英國人 p.145
雖然相對而言，在尋找有利可圖的貿易機會方面是後來者，
但逐漸形成一種殖民化，以及在西印度群島和北美殖民地之
間進行優惠貿易的體系。這種體系的設計以防禦為目的，要
排除荷蘭人（與其他人），並且積極地使殖民地與宗主國結
為一體。航海令（Navigation Acts）造成在殖民地和宗主國
之間成本和收益的分配，是許多文獻的主題。[2]在遠東，西
方帆船和大炮的優勢，幫助葡萄牙人、荷蘭人和英國人展開
他們的貿易。正如契波拉（Carlo Cipolla）所說，他們的貿
易並非單純地侷限於東西貿易，而是另外作為「亞洲國家之
間廣大的商業活動網路的中間人……」（1965，頁136）。

1　也就是後來被英國人奪取後改名的紐約。

[2]　關於這些文獻的概論，見Walton（1971）。

　　根據第一篇所提出的架構，歐洲的擴張及世界其他地方併入大西洋國家，產生兩種根本的後果，從宗主國移植來的制度和財產權，造就殖民地地區後來的發展，以及貿易型態和生產因素（勞動和資本）的流動，也協助造就大西洋國家本身的發展。

　　西班牙、葡萄牙和法國殖民地這一邊的經濟組織，與另一邊英國殖民地的經濟組織有明顯差別，那是由於宗主國傳來的財產權與殖民地地區生產因素稟賦聯合作用的結果。西班牙在墨西哥所施行的監護徵賦制（encomienda），用西班牙監護官（encomenderos）取代阿茲提克（Aztec）統治者。作為提供「保護與正義」的回報，新的統治者得到了貢品和強迫勞力。葡萄牙的糖業殖民地，是因非洲輸入的奴隸而建成。法國人試圖依照宗主國封建土地組織的型態，對法屬加拿大進行移民──可以想見，這種方式給移居者帶來極小的吸引力。

　　英國的殖民，比西班牙和葡萄牙人的殖民晚了一個世紀，他們的作法反映了英國正值興起的財產權結構的變動。儘管維吉尼亞公司（Virginia Company）[2]和一些其他殖民地冒險者一開始是靠開發共同土地，但悽慘的後果很快導致修改，而發展出實質的私有財產權。勞動稀少加上資源稟賦不同，在不同殖民地產生不同結果。契約奴工制（indenture

p.146

────────────

2　英國國王詹姆士一世（James I）於1606年特許成立的合股公司，進行北美殖民地的開發與貿易。

system）起初為窮人提供一個富有吸引力的機會，為他們支付旅費，要求他們服一定期限的勞役。在南方較大規模種植菸草、稻米和槐藍屬植物的地方，契約奴工被奴隸所取代。相反的，在新英格蘭和中部殖民地，則以個人占有土地為主，並且形成農業、漁業和海運為基礎的早期經濟發展。

美國的發展，是後文其中一章的主題。本章的焦點是論述新興的西歐各國經濟；上述的擴張對各國經濟都有影響。對於葡萄牙人和西班牙人而言，這種擴張起初意味著財富和經濟機會，但鑑於西班牙終究陷入蕭條，這些利益最終只是虛幻的。對於荷蘭人而言，這種擴張意味著建立一種以航運和貿易的比較利益為基礎的經濟體系；對於英國人而言，殖民地則成為帝國的一部分。我們必須檢視一下十七世紀的結構危機，以便理解歐洲發展的不同型態。

III

人們普遍認為十七世紀發生了危機，但對危機的根源和特性則有不同看法。這個時代裡特別著名的是破壞性的戰爭。如日耳曼的三十年戰爭、工資下降、普遍的社會動亂，以及宗教衝突。到這個時期結束之時，一些政治經濟單位的結構已根本轉變了。對馬克思主義者而言，十七世紀是辯證發展過程中各種疑團的一部分，因為封建制度到1500年似乎已經結束，但傳統上與工業革命相關的資本主義，則還相差近三個世紀。由於在馬克思體系中，技術變動是外生變

數，它造成新階級出現，所以馬克思主義者面對長達三個世紀的空白。他們的解釋是，新興的資產階級花了將近三世紀的時間才獲得政治權力，以及創造導致工業革命的基本財產權。英國和法國的革命，是打開現代資本主義大門的關鍵性突破。③

屈佛－羅普（Hugh Trevor-Roper）認為，危機是在於勞民傷財的寄生性官僚政治，當歐洲在十七世紀不再擴張所形成的稅負，便導致衰竭、損耗和破產。④毫無疑問發生過財政危機，但是如艾略特（J. H. Elliot）對屈佛－羅普的批評，財政危機是由戰爭引起的，而不是文藝復興時期宮廷的奢華引起的。⑤因此，馬克思的觀點似乎更符合證據。那就是國家控制方面的結構危機，最終導致一套促進現代經濟成長的財產權出現。然而，馬克思對技術的強調使馬克思主義者誤入歧途，因為工業革命的技術不是出現在結構變遷之前，而是在其之後。儘管火藥、羅盤、優良的船舶設計、印刷術和紙張都對西歐的擴張有所影響，但結果卻很不相同。工業革命所牽涉的技術變動必須在事先發展一套財產權，以提高發明和創新的私人報酬率。下面提出的解釋要從人口變化開始，而且是根據經濟機會的變化與國家財政需求之間的

---

③ 見 Eric Hobsbawm, "The Crisis of the Seventeenth Century"，收錄在 Aston, ed.（1967）。

④ "The General Crisis of the Seventeenth Century"，在 Aston, ed.（1967）一書中。

⑤ 見 Elliot 在 Trevor-Roper 論文後所做的評論。

相互作用。

IV

中世紀晚期世界的特色是循環。前兩個世紀的人口成長之後，接踵而來的是在1300年或1350年到1475年之間的饑荒、瘟疫和經濟緊縮；1475年到1600年之間出現第二輪擴張之後，則是十七世紀的經濟緊縮。十七世紀危機遍及全歐洲，但在各國產生的結果有所不同。英格蘭和荷蘭即使受到影響，程度也很輕。而法國，尤其是西班牙則深受其害。英格蘭和荷蘭因為產出成長超過人口成長，而逃脫了馬爾薩斯危機；法國儘管沒有發生停滯，但明顯地相對落後於英國；p.148西班牙原先是歐洲最強的國家，但此時陷入絕對的衰退。[6]

十七世紀正興起的歐洲各民族國家之間成長率不同，其原因可以從每個國家建立的財產權性質中發現。所建立的財產權類型，乃是各個國家所發展之特殊方式的突破。政府與臣民之間，在**擴大國家徵稅權**方面的相互影響特別重要。我們已經知道，每個新興民族國家都在拚命爭取更多收入。實現這個目的的方式，對國家經濟極為重要，因為在每種情況下都會形成財產權的修改。

在兩個成功的國家裡，所建立的財產權激勵人們更有效

---

[6] 這一節引自North and Thomas（1973），第3篇。關於西歐經濟更詳細的討論，見De Vries（1976）。

率地使用生產因素，並把資源投入到發明與創新的活動上。在較不成功的國家裡，稅收的絕對額和取得財政收入的形式，則是引導個人做恰恰相反的事情。這一節將簡要地整理一下這種差異如何產生。

　　讓我們從法國開始。法國形成民族國家的開端，是對百年戰爭所造成的破壞之反應。英國軍隊占領了法國部分領土，成群領不到薪餉的軍隊在鄉村大肆擄掠，而貴族卻在進行似乎永無休止的爭吵。法蘭西只是在查理七世（Charles VII）[3]於1422年登基以後，才成為一個國家的名稱。他面臨的艱鉅任務，是要重建法律與秩序，以及從英國人和勃艮第人手中收復其大半的疆土。

　　完成這樣的任務，需要大量而日益增加的王室收入，於是成立一個稱為三級議會的代表機構，來對王室開徵應急的特別稅進行投票表決。查理七世在他執政的前幾年，必須反覆地要求三級議會增加新的收入。他能夠要求且可望得到的收入額受到競爭的限制，要和英國占領的法蘭西和勃艮第地區的徵稅水準比較。

p.149　　查理七世有效地使用他的財政收入，與勃艮第人建立有利的和平，把英國人趕回去，清除鄉間的盜匪。隨著權力擴大，他便開始樹立特權，把原先由三級議會投票開徵的特別

3　（1403－1461年）查理五世的孫子，繼承王位時國家處境艱難，因為聖女貞德的支持而振奮國人的士氣，終於在1453年將英國占領軍驅逐出國境之內。

稅定為常規稅。三級議會急欲結束法國內部混亂的願望，使得王室抓住課稅權，而無須徵得被統治者的同意。這種特權，在創造課稅權的緊急狀態結束後仍然存在。

法國王室能夠有效地執行財產權、根除或減弱地方政敵，以及獲得不受約束的課稅權，因而取得授予或變更財產權的排他性權利。由於新興民族國家之間的敵對，以致不斷要求取得更多財政收入。王室千方百計尋求收入，用財產權換取稅收，是一種短期內很有利的解決辦法，但這種方法在長期會產生具有破壞性的後果。

在百年戰爭以後興起的法蘭西王國，即使正在變成一個民族國家，也仍然不是一個全國的經濟體系，經濟體系是由許多地區性和地方性經濟組成的。皇室不得不分別對每個地區徵稅，這項任務必須要有龐大的官僚機構，以及現有之自願性組織的協助。隨著十四、十五世紀經濟活動衰退，行會在法國城鎮的權力越來越大。行會試圖通過制定壟斷性的限制，使正在萎縮的當地市場免受外來競爭的壓力。王室從這些行會中，找到現成的籌集財政收入的基礎結構。王室以保障地區性的壟斷來強化行會，換取行會繳費。這實際上是用地區性壟斷權換取確定的收入來源。這種財政體制在十七世紀柯爾伯（Colbert）手上更發揚光大。法國內部的潛在敵手（貴族和教士）因為享有租稅豁免，而對這些作法不聞不問。為了控制這種財政體制，形成龐大的行政官僚機構。這種官僚機構一旦開始就位，運用這種官僚機構去管制經濟就更方便。柯爾伯所實施的體制就是明證。[7]

p.150 　　這種財政體制的邏輯與後果，可以用本書的分析架構來解釋。

　　隨著外部和內部敵手權力削弱，王室增加了向臣民強取所得的能力，但它也受限於一些成本。必須花費成本來衡量當地或地區性生產與貿易產生的財富和收入。用財產權換取國庫收入的體制，提供一種解決問題的途徑，但需要有一種完備的代理機構來監控這種體制。結果所產生的官僚機構不僅會吸去一部分由此而來的所得，而且也成為法國政治結構中的一種頑強勢力。儘管皇室和官僚機構的收入增加，但對生產力的影響結果，則是抑制經濟成長。法國經濟本質上仍是一種地區經濟，因此犧牲了讓市場成長的利益。競爭的效益，也因為存在許多地區性壟斷而消失。地區性的壟斷者不僅濫用他們的合法地位，而且打擊創新。在法國，由於國家財政需要，而犧牲了改善市場效率的效益，結果是法國並沒有擺脫十七世紀的馬爾薩斯危機。

　　西班牙也是如此。在較早的西班牙歷史中，當土地依然充裕時，羊毛工業就已出現。牧羊人在夏天把他們的羊群趕到高地，在冬天趕到低地。在 1273 年，當地稱為梅斯塔（mestas）的牧羊人行會，被阿方索十世（Alfonso X）合併為一個行會，叫做卡斯底爾牧羊人梅斯塔的榮譽會（Honorable

---

⑦ Hecksher（1955）和 Nef（1957）的經典著作，以及 North and Thomas（1973，第10章）都討論這一制度。最近的分析，見 Eklund and Tollison（1980a）。

Assembly of the Mesta of the Shepherds of Castile）。

其動機僅僅是由於國王的一次財政困境。他意識到，對牲畜徵稅，比對人徵稅要容易得多。於是把梅斯塔併成一個機構，以便能給王室提供大量收入。作為納稅的交換條件，牧羊人從阿方索十世那裡獲得一系列特權。其中最重要的就是擴大對整個卡斯底爾王國所有游牧畜群的監管，包括流落野外的牲畜。這種監管功能逐漸擴大，有時甚至擴大到在當地梅斯塔區域內牧養的「定居」羊群，以及所謂的「里伯瑞加斯」（riberiegas），即在城鎮地區沿河放養的牲畜。（Vives，1969，頁25）

由於梅斯塔為王室籌到與摩爾人（Moor）作戰經費的主要收入來源，王室擴大其特權，讓他們可以在整個西班牙國土上來回放牧羊群。結果，拖延了幾個世紀，而無法建立有效率的土地財產權制度。

十六世紀的梅斯塔理事會已成為一種特權的制度，它擁　p.151
有受保護的通道可以穿越西班牙王國，有自己的巡迴司法人員和武裝衛隊來守護羊群，有權處理利益衝突、防止在其通道上的牧場設圍圈地，並有力量與最強大的地主進行集體談判，可以免交阿卡巴拉稅（alcabala）[4]和城

4　一種王室課徵的銷售稅，稅率很高，又經常委託給特權代理人課徵，因

市銷售稅。梅斯塔享受了沒有其他機構所能及的司法權和經濟特權。（Schwartzman，1951，頁237）

經過數世紀與摩爾人的戰爭和封建領主間無休止的內戰之後，在斐迪南（Ferdinand）和伊莎貝拉（Isabella）的合併之下，建立起一個民族國家。由於厭倦了內亂，西班牙的代議機構——卡斯底爾議會（Castile Cortes）把課稅權交給王室。從1470年到1540年之間，稅收增加了二十二倍。與法國一樣，國家授予壟斷權是收入的主要來源，而其結果也是類似的——也許還更具破壞性。

西元1516年查理五世（Charles V）登基後，西班牙稱霸歐洲的時代開始。起初是一個非常繁榮的時期，來自亞拉岡、那不勒斯和米蘭的財政收入大幅度增加，但特別是來自繁榮的低地國家（Low Countries）的收入。有些年分裡，低地國家的收入超過來自其他來源的十倍，包括來自東印度群島的財寶。然而，由於查理五世擁有歐洲最龐大（且最精銳）的陸軍及龐大的海軍，增加的支出趕上增加的收入。查理五世和他的繼承人菲利普二世，每年必須花更多錢才能維持這個帝國。當低地國家的叛變[5]中止來自荷蘭的收入，而來自新大陸的收入也下降，這時對財政的需要就變得很嚴

而是西班牙在十五至十七世紀有名的苛稅，被認為是低地國荷蘭反叛的原因。

5　發生在1566－1648年之間。

重。城鎮的行會獲得排他性的地方壟斷權，以交換付給王室的新增收入。政府沒收財產，出售可以免稅的貴族身分。即使是這種孤注一擲的對策，也不能使王室免於破產。西元1557、1575、1596、1607、1627和1647年，都發生破產。

　　壟斷、重稅和沒收的結果，是貿易和商業的衰落。僅有教會、政府部門和貴族能安然不受王室騷擾。相當普遍的看法認為，下級貴族（hidalgos）厭惡經商，而喜歡在教會、軍隊和政府謀職。這表示他們是很理性的人。為適應政府的　p.152
財政政策而形成的財產權結構，抑制個人從事許多生產性的活動，反而鼓勵對社會不具生產力的活動，因為從事那些活動可以免於政府的騷擾。

　　法國和西班牙的經歷，在許多方面是相似的。在這兩個國家，起初人民對於保護和基本財產權執行的渴望如此強烈，以致政府能夠掌握課稅的權力。對越來越大的財政收入之需求，使得這兩個政府基本上都用財產權來換取收入。但所授予的財產權並沒有提高效率──而是恰好相反。在十七世紀，西班牙比法國更深受此一後果之害。

　　儘管法國和西班牙在整個十七世紀都遭受這種退步，但聯合省（United Provinces）的人口和平均每人所得，卻持續成長。結果，荷蘭人在政治上所獲得的重要性，完全與其狹小國土不相稱。荷蘭人的成功，更有意義之處在於荷蘭是一個資源相對缺乏的國家。荷蘭人克服資源不足的方法，是建立比強大的對手更有效率的經濟組織，再加上結合地理大發現和在東印度群島及美洲的貿易發展，擴大的世界貿易使荷

蘭得以充分利用優勢。

　　聯合省在經過繼承傳給西班牙國王之前，一直是勃艮第公爵的領地，其統治者不論是勃艮第人還是哈布斯堡王朝[6]，都積極地抑制已建立的布匹城鎮，如布魯日（Bruges）和根特（Ghent），享有壟斷特權。儘管遭到這些城鎮的反對，但統治者得到新興工商業中心的支持，其結果是復興了國際貿易。這些新地區的效率，很大程度上歸功於沒有行會和貿易限制。結果，低地國家整體，特別是安特渥普（Antwerp），在工商業方面的重要性都提升至前所未有的局面。

　　這個地區的統治者反對限制，而積極鼓勵競爭及貿易和商業的發展，這種情況與法國和西班牙完全相反，其作法比較之下，似乎有點奇特。其原因在於這一地區主要經濟活動p.153　的性質。低地國家是歐洲貿易自然的中心。他們在布匹織造方面最初具有的比較利益，使該地區發展成各式商品進行交易的國際市場。

　　西元1463年，「好人菲力普」（Philip the Good）[7]創立一個代議制機構，叫做國務會（States General）。國務會可以制定法律，並有權對統治者的課稅決策進行投票表決。國務會的建立，有助於制定促進貿易與商業發展的法律，對促進貿易與商業發展的私有財產權的授予和保護也很有利。而

6　1526－1804年，以維也納為中心。

7　（1396－1467年）在1419－1467年間擔任勃艮第公爵，當時勃艮第統治著低地國。

且，荷蘭人一般也都願意為得到這些財產權而支付一系列小額的貿易稅。任何一種項目的課稅額都相對很低，只要能獲得充足的收入，哈布斯堡王朝（Hapsburg Empire）也都配合國務會的要求。低地國家的繁榮，使得這種作法得以實現。低地國家成了哈布斯堡帝國的寶庫，而將所獲的大部分收入交給西班牙國王。但是最後，菲力普二世前所未有的強行需索，遭到北方七省反抗，而且反叛成功。在反叛的過程中，安特渥普被西班牙人攻陷，商業主導地位轉移到阿姆斯特丹。後來興起的共和國，保留了使荷蘭人原先獲致商業成就的法律結構和財產權。

　　貿易和商業的擴張，是荷蘭經濟的主要動力。貿易的擴張，提高荷蘭市場運行的效率。市場的發展減少交易成本，也受規模經濟的影響。隨著貿易量成長，完成一項個別貿易的成本就下降。首先在安特渥普，然後在阿姆斯特丹，貿易開始在連續的拍賣市場上進行。報導當期市場交易情況的價目表開始發行，供所有人取閱。專為處理貿易問題的標準契約和法庭，都建立起來了。

　　隨著商業發展，資本市場也繁榮起來，並且產生本身的創新。漸漸的，原先訂貨交貨的函件變成匯票（bill of exchange），從而擴大商人的支付工具。

　　促進商業發展的財產權，同樣提高農業的效率。荷蘭農業變得高度資本密集，荒地經排水而開墾，肥料也廣泛使p.154用。國際市場興起，促進低地國家內部的區域專業化。葡萄園消失了，乳品農場則擴展。新的農作物被引進，以滿足城

鎮商業部門的需要。

荷蘭人在近古時代，已成了歐洲的經濟領導者。荷蘭人在地理上處於中心位置，再加上政府透過授予和保護私有財產權，以及反對限制性措施等方式，鼓勵有效率的經濟組織。在安特渥普和後來在阿姆斯特丹發展起來的歐洲市場，使商業成為國家最容易課稅的一個活動部門。商店裡眾多的商品來自歐洲各地，這些產品之所以流向低地國家，是因為這裡的市場有競爭性和有效率。認識到這種情形的低地國家商人，經由國務會向統治者付款，以建立和執行私有財產權，並且終止限制性的措施。結果，荷蘭成了第一個實現持續經濟成長的國家。而且，即使當英國自覺或不自覺地模仿荷蘭人的成功經驗，而使歐洲經濟舞台的中心轉移到英國這個較大的經濟體系之後，聯合省仍然保持繁榮。

英國經濟所以能成功地擺脫十七世紀的危機，可以直接歸因於逐漸形成的私有財產權制度。英國政府面臨和其他民族國家同樣的財政需求（雖然入侵威脅不是那麼緊迫）。法國的遼闊地域、西班牙的財政稟賦，以及荷蘭經濟組織的高效率，使得這些國家成了歐洲的強國。英國被迫與這些新興民族國家進行競爭。英國找到一個中間地帶，建立新大陸的帝國與西班牙抗衡，又試圖一方面孤立荷蘭人，而另一方面建立與之類似的財產權和制度措施。至1700年，英國已成功取代荷蘭人，成為世界上成長最快的國家。

早在兩個世紀以前，幾乎還沒有跡象顯示，英國會走上促進經濟成長之路。民族國家的形成，在英國與在法國一

樣，過程漫長而且代價高昂。在十四世紀至十五世紀之間，
英國遭受百年戰爭和薔薇戰爭[8]之苦，以及隨著貴族權力縮　p.155
小而產生動亂、叛亂和司法弊端。

　　結果，都鐸王朝（Tudors）[9]使英國的君主制度達到巔
峰。亨利七世（Henry VII）儘管希望能量入為出，但他終究
還是用我們很熟悉的方法來擴大收入——即轉讓特權。他的
繼承人亨利八世（Henry VIII）用了同樣的方法，並且加上
沒收修道院的土地。鞏固國王權力同時又增加王室收入的過
程，使都鐸王朝非常不受許多（也許是大多數）貴族和教士
的歡迎。都鐸王朝依賴新興的商人階級和眾議院的支持。眾
議院充分代表商人階級和有土地的士紳階級。都鐸王朝與任
何歐洲大陸的國王一樣，在處理財產權問題上有些投機的心
理。他們千方百計地尋求收入，而不考慮經濟效率。他們培
植議會而不壓制議會，乃是因為這樣做對其有利。

　　斯圖亞特王朝（Stuarts）[10]繼承了都鐸王朝的衣鉢。斯圖
亞特王朝把政府視為他們的排他性特權，而議院則認為王室
應受習慣法（common law）的限制。由於捲入民族國家之

8　1455－1485年間，Lancaster與York兩大家族為爭奪英格蘭王位引起的
　　戰爭。因為兩家的家族徽章皆有薔薇而得名。

9　1485－1603年由亨利七世建立，終於伊莉莎白一世。

10　1603年，蘇格蘭國王詹姆士六世繼承伊莉莎白一世的王位，改稱詹姆
　　士一世，開始斯圖亞特王朝。王朝的政權不穩定，與貴族們組成的議院
　　之間關係緊張，時有起伏。終於在1689年「光榮革命」由議院取得較
　　大的權力。

間代價日益高昂的競爭之中，斯圖亞特王朝要謀求新的財源，議院卻不為所動，於是註定要發生衝突，而王室將要失利。

議院授予徵稅的權利，自從十五世紀晚期，由爭奪羊毛貿易的控制而引起，經過漫長的時期，到這時已其來有自。長期以來，羊毛就是英國國際貿易的大宗出口品，也是王室收入的主要來源。在課稅範圍的問題上，形成王室、羊毛出口商，以及代表養羊售羊毛業者利益的議院三方鬥爭。結果是各方利益的妥協：王室從課稅得到收入，但議院有權規定課稅的水準，而商人則得以壟斷貿易。雖然羊毛壟斷最終消失了，而且羊毛稅在政府收入中成為很小的來源，但議院完整的課稅權卻繼續存在。

p.156 從此以後，代議制議會掌握課稅權，不過，問題直到1689年才最終得到解決。在受到斯圖亞特王朝的挑戰時，議院的權力仍然維持。王室就這樣把原來掌握了長達兩世紀對財產權的控制，交給由商人和有土地的士紳階級組成的代議制議院——這個團體之目的，在透過限制國王的權力來終止各種限制性措施，並保護私有財產權和競爭。[11]

---

11 英國議院權力在1689年因「光榮革命」而有更進一步的確認。關於英國王室與議會之間的權力鬥爭，如何因財政需求而改變，終於導致1689年「光榮革命」的結果，諾思有另一篇文章進一步探討，見Douglass North and Barry Weingast, "Constitutions and Commitment: The Evolution of Institutional Governing Public Choice in Seventeenth Century England", (*Journal of Economic History*, Dec. 1989)。

　　讓我們檢視一下代議制議會在英國興盛，而在法國和西
班牙卻衰落和消失的一些原因。英格蘭在地理位置上是一個
島嶼，從而把英國與它的競爭對手隔離開來。外國入侵不像
在歐洲大陸那樣構成嚴重威脅，因此中央政府提供的保護對
英國人不如對法國人那樣重要。其內部則經常有幾名王位爭
奪者，這些競爭者的出現，限制了英國國王或女王之權力。
英國經濟的性質，決定了它要依賴出口羊毛之類的大宗貨
物，這類產品成為財政收入易於衡量和徵收的來源。徵收這
類稅並不需要依賴王室的龐大官僚機構，而可以承包給商人
的自願組織。簡言之，王室沒有理由對財產權和徵稅權實行
中央集權，更沒有理由建立一個龐大的中央政府。

　　議院的出現，使英國財產權的性質走向不同於歐洲大陸
的型態。授予財產權的權力，日益落在那些自身利益最符合
私有財產權和廢除王室壟斷的團體手中。如果這種轉變沒有
發生，英國的經濟史就會大不相同。正如我們所看到的，都
鐸王朝的經濟政策與歐洲大陸的國王們是一樣的。如果都鐸
王朝的統治者能自由地用壟斷和限制權來換取收入，那麼經
濟效果也會相似。但是，在英國，皇室遇到強有力的反對力
量。都鐸王朝原本試圖建立的綜合產業管制體系，也是無效
率的。[8]這些規定與法國所順利實行的那些規定很類似，但 p.157
在英國都行不通。最終，王室製造壟斷的特權本身被議院的
立法所終止。

---

[8]　進一步的討論，見 Eklund and Tollison（1980b）。

　　十六世紀所出現的人口成長，乃是在發展一套有效率財產權的情況下發生。在法國和西班牙，成長的人口遇到一種限制性的財產權，使人們不可能針對因素比例的變化做有效率的調整。英國則與荷蘭一樣，出現完全相反的局面。在英國，人口成長意味著貿易和商業復興。制度安排的演變增進了貿易利益。利用市場來組織經濟活動的成本下降，是這一時期生產力增加的主要因素。隨著市場擴大，英國人採用荷蘭人所熟悉的商業、工業和農業創新。正是由於私有財產權的建立和貿易與商業上的競爭，降低了交易成本，才使英國在十七世紀逃脫使法國和西班牙深受其害的馬爾薩斯大限。

第十二章

工業革命再認識

I

現代經濟史學家普遍將工業革命視為人類歷史的分水嶺。在其之前的時代，被視為大不列顛從十八世紀後半開始的社會與經濟迅速變化的序曲。我們不難理解為何工業革命會如此受到關注。歷史學家相信始於1750年到1830年之間的持續經濟成長，從根本上改變了西方人的生活方式和生活水準。如果一名古希臘人能神奇地穿越時空來到1750年的英格蘭，他或她會發現許多東西似曾相識。然而，如果這名希臘人在此後兩個世紀才降臨英格蘭，就會發現似乎來到一個「不真實」的世界。他（她）在那裡能夠識別，甚至理解的事物會非常少，因為在這樣一個相對短暫的歷史時段內，人類狀況發生巨大的變化。

什麼樣的變化？可以概述如下：

（1）人口以空前未有的速度成長。人口統計學家估計

1750年的人口大約八億，到1980年則超過四十億（Coale，1974，頁43）。

（2）西方世界達到無與倫比的生活水準。普通市民享受的奢侈品，在以往的社會裡，即使最富有的人也未必能得到。而且，已開發國家的平均壽命幾乎多了一倍。

（3）在西方世界，農業已不再是主要的經濟活動，經濟體系中的工業和服務業代之而起。這種變化是因為農業生產力大幅提高。在美國，5%的農業人口能夠養活95%的非農業人口，並且還有餘額使美國成為世界主要的農產品出口國。而在殖民地時代，這些百分比是相反的。

（4）結果，西方世界變成一個都市化社會（urban society），其中所有事物都涉及不斷增加的專業化、分工、相互依存和不可避免的外部性。

（5）連續的技術變動成為常態。新能源被用來代替人的工作，新材料和新物質不斷被創造出來，滿足人類的需要。

即使這些變化無可置疑，但它們是怎樣發生的、始於何時，以及工業革命一詞的意義，則是一場大論戰的主題。本文的論點是，工業革命是創新率的加速，其起源可以追溯到傳統上認定的年代（1750－1830年）之前。如我們在前章所述，是較明確界定的財產權（與自由放任〔laissez faire〕並不同）改善了因素和產品市場。結果，市場規模擴大導致更高的專業化與勞動分工，從而增加了交易成本。組織變動的設計旨在降低這些交易成本，結果不僅降低創新的成本，同時又因市場規模擴大，以及發明的財產權得到更好的界定，

從而提高創新的報酬率。正是這樣一系列的發展，鋪下真正
的技術革命——第二次經濟革命，也就是科學與技術的結
合。正是十九世紀後半這種發生較晚的變化，造成新知識的　p.160
供給曲線變得更有彈性，並且獲致前述空前未有的發展。

為了讓這樣一個故事更透徹，首先我們必須回顧工業革
命的傳統說法，並且探討技術變化的本質，然後我們就可以
考察組織變動與技術發展相互作用的過程，也就是本章所定
義的工業革命。

II

史學家們都認為，組織與技術的變動，在英國始於十八
世紀中葉。接下來的百年裡，英國人口成長了三倍，一些村
鎮變成大城市，英國的每人平均所得增加一倍以上，農業從
大致占國民產出的一半，下降到五分之一以下，製造業與服
務業擴張，取代農業以前的地位。在這一過程中，紡織和鋼
鐵的製造，在高效率的蒸汽動力式工廠中進行。

歷史學家似乎比當時的人們更驚異於這些事件。在這些
事件出現的時期，亞當‧斯密寫了一本最重要的經濟學著
作，但他並沒有提到那些事件。他更預言他的國家裡的商
人、農民和手工業者，會透過進一步的專業化與貿易，繼續
以和緩的速度增加其財富。事實上，在此後的八十年間，國
民所得以前所未有的速度成長。

亞當‧斯密的見解無獨有偶。李嘉圖則認為，上漲的地

租會抵消生產力的任何成長。緊接在李嘉圖著作問世之後的幾十年間，地租占國民所得的比率，隨國民所得的增加而下降一半。馬爾薩斯預言人口的巨大增加，在長期會使工資不超過能夠維持基本生活的水準。馬克思寫於該時代末期的作品，預言大多數工人的狀況不會得到改善。然而，國民所得中的勞動所得份額明顯上升，實質工資急劇提高。古典經濟學家竟然根本未能了解發生在他們身邊的事情。

p.161　　　然而，並不是所有當時的人都沒有意識到發生的變化。有些人意識到了，如恩格斯（Frederick Engels）出版於1844年的《英國工人階級的狀況》（*Conditions of the Working Class in England*）就是一個證據。但「工業革命」一詞，直到1880至1881年因湯恩比（Arnold Toynbee）[1]在一系列演講中使用它才流行起來。那時已是我們習慣上所稱工業革命的轉變結束之後五十年。

　　為什麼大多數古典經濟學家忽略了發生在他們身邊的工業革命呢？也許因為這一世紀變化，在歷史學家的分析中超過了實際上的顯著。例如，人口在工業革命前一直成長；工業城鎮興起之前大城市已存在；英國人的所得在亞當・斯密出生之前，與他和其他古典經濟學家生活的時代一樣都在成長。在此期間，農業工作者總數越來越多。對當時的觀察

1　這位阿諾德・湯恩比生於1852年，卒於1883年，是一位經濟史學家，他的姪子也名為阿諾德（Arnold Joseph Toynbee），是活躍於二十世紀中葉的歷史學家。

者來說，農業並不是一個衰退的產業。工業革命前已經有大工廠，蒸汽機在瓦特（James Watt）的蒸汽機之前，已經在煤礦業使用了幾十年。以瓦特命名的蒸汽機，僅僅改進了以前已經存在的紐康門（Newcomen）蒸汽機。所以古典經濟學家忽略工業革命也許並不為奇，因為新的東西僅僅是變化的幅度，而沒有革命性的特徵。當英國大眾為1851年的水晶宮展覽（Crystal Palace Exhibition）[2]驚訝不已時，其實接下來一百二十五年的轉變簡直不可思議。即使工業革命的經典時期當然已是經濟變動的加速，然而我在本章開頭描述的那些革命性的轉變，絕大多數是距今一百五十年前發生的。到十九世紀中葉之後，人們生活完全改觀，我們所假想穿越時光的希臘人，已不再能認出他曾經熟悉的世界了。

　　例如，從工業革命前就已開始的人口快速成長，至二十世紀中葉，已變成世界性的人口爆炸。這項現代人口爆炸的原因，是由於營養和環境改善，導致傳染病造成的死亡率降低。同樣的，都市化的世界乃是以往一百年來的發展，而且 p.162 主要並非由於工業城市的關係，而是由於運輸成本下降、農業生產力增加，以及經濟活動集中於都會區的利益。工業部門也沒有占盡已開發國家勞動力的就業，是服務業而不是製造業僱用了大多數的現代工人。更進一步而言，與工業革命之後，特別是最近發展中國家達到的成長率相比，工業革命

2　當年在倫敦舉辦的世界博覽會，搭建這座玻璃幕牆的展場，展現工業革命後驚人的工業文明成就。

期間的經濟成長率並不特別了不起。

　　簡言之，我們對過去兩百年的刻板看法需要翻新。我們稱為工業革命的時期，並不是我們通常所認為那樣與以前截然分開的。的確，我在下文要說明，工業革命是以前一系列事件演進的結果。真正的革命出現較遲，要至十九世紀後半。工業革命時期發生的技術，大致上與基礎科學的發展無關。[1]另一方面，在最近的過去所發生的技術事件，則都需要在科學上有重大突破。從作業中學習的效果（learning by doing）可以解釋工業革命中的技術發展，但只有科學實驗才能解釋核能和石化工業的發展。過去一百年裡技術的突飛猛進，是有賴於科學的革命；科學與技術的結合，造就了第二次經濟革命。

III

　　要了解在工業革命中發生了什麼，就需要探討技術變動的過程。絕大多數現存的文獻集中在一些重大發明，如瓦特蒸汽機、阿克賴特（Arkwright）水力架，或克隆普頓紡織機（Crompton's mule），而忽略技術變動日復一日的進步。是這種日常的技術進步，在經濟活動中造成生產力持續提升。同時，這些文獻也沒有納入交易成本的架構，讓我們能夠理解經濟組織與技術變動之間複雜的相互關係。

p.163

---

① 關於科學在工業革命中的作用之討論，見Musson, ed.（1972）。

從最初的概念化到技術可行性的確定——亦即從發明到商業可行性，從創新到隨後的擴散——常常是一個漫長又複雜的過程。②以蒸汽船的發展為例。瓦特蒸汽機是十八世紀的發明，把它運用到水上運輸，乃是十九世紀初的事。但是直到十九世紀末，我們才看到蒸汽船取代帆船。甚至到1880年，世界上大多數的大宗貨物仍然由帆船運輸。因此，一個最具革命性的發明，幾乎要一百年才能代替其前身。轉變只是漸漸發生的，因為必須先修正改進往復式引擎，降低燃料消耗（和因此增加驅動力量）。同樣的，帆船經過提高速度、減少船員數目各方面的不斷改進，使得它在十九世紀大半時間內能與蒸汽船並駕齊驅。

技術改進的過程，不僅仰賴對新技術日復一日的改進，而且也要靠使用新技術的人力技能發展。從作業中學習的過程必須配合技術的變動。此外，某一個範圍的技術變動，也許超越另一個範圍的技術知識。我們都知道，直到威金森（Wilkinson）的鑽床出現，使瓦特能做出精密的汽缸，才讓瓦特蒸汽機得以有效率地產生。更出名的是備受讚譽的達文西筆記本的命運：一系列開創性的想法，在當時沒有技術的配合而無法實現。的確，新技術發展與新知識發展之間的關係，乃是主要的問題關鍵。

創新是建立在人們所擁有的現存基礎知識存量之上。那

---

② 見Rosenberg（1972），對技術變動的累加特性（incremental character）有精彩的闡述。

p.164 種知識包含在今天諸如物理學、化學和生物學這樣的正規的科學學門中。這些學科的起源很新，是自文藝復興後期和近古才開始的。自新石器時期以來，人們對環境的基礎知識並不是沒有擴展（我們在前幾章已討論過一些），但是這些發展沒有依靠結構化的正式學理。區分這一點十分必要，因為發展純理論的誘因，並不見得與導致實際發明的誘因相同。

　　歷史上，純粹的科學知識與人類使用的技術之間，總存在某些差距。的確，直到最近之前，新知識有系統的發展，未必被人用來創造重大的進步。僅僅在過去的一百年，持續的技術變動才必須有基礎知識進步的配合。

　　新技術和純科學知識發展速度，是什麼因素決定的呢？就新技術變動而言，發展新技術的社會報酬率也許總是很高的，但我們可以想見，在提高發展新技術的私人報酬率之前，產生新技術的進步過程是緩慢的。事實上，在本書前面的歷史章節中，我們可以看到人類在過去不斷地開發新技術，但是步伐緩慢且時有間斷，主要的原因在於，對發展新技術的誘因往往只是偶發的。通常，創新可以被別人模仿而不需成本，而發明創新者得不到任何報酬。直到現代之前，不能在創新方面建立有系統的財產權，乃是技術變動遲緩的主要根源。

　　隨著1624年「獨占條例」（Statute of Monopolies）誕生，英國才建立一部專利法。確實，在此之前有時也曾獎勵發展技術，而且有時政府會資助人們去尋找新技術。例如，

航海家亨利王子（Prince Henry the Navigator）[3] 召集一群數學家，尋求確定緯度的新方法。政府也常常資助軍事技術發展，並為新式武器提供現成市場。然而，一套有系統鼓勵技術變動，並且提高創新的私人報酬率，使之接近社會報酬率的誘因機制，則是在專利制度建立後才確立。當然，太過強調一項法律，則是容易造成錯誤的。惠特尼（Eli Whitney）[4] 費了大半生時間，試圖保護他對軋棉機的專利。比專利法本身更重要的是，建立和執行一套非人情化的法律，用來保護和執行契約，從而界定財產權的各種契約。 p.165

　　讓我以更嚴謹的方式重述我的論點。針對觀念想法的經濟報酬來設計規則，以限制行為有其困難之處，其基本困難就在於想法本身的衡量。商標、版權、商業祕密和專利法，其目的都在為發明創新者提供某種程度的排他權利，由此引起長達一個多世紀關於專利價值的論戰。③但許多論戰都未抓住重點。由於無法精確地定義與界定一種想法，意味著必須要有代用的規則；這樣的規則因為包含不完全的衡量，和某種程度的壟斷限制，其結果會導致實質收入的損失。但與完全沒有保護相比，有些對於發明之財產權的保護是有價值的。閒暇時的好奇和從作業中學習，會產生我們在人類歷史上所慣見的某些技術變動。但是，改進技術的持續努力——

3　（1394－1460年）葡萄牙王子。

4　（1765－1825年）美國發明家。

③　對這場論戰的評述，見Machlup（1958）。

就像我們在現代世界所見——只有靠提高私人報酬率的刺激才會出現。在缺乏創新的財產權的情形下，技術變動的步伐，最根本的影響是來自市場規模。如果其他條件不變，創新的私人報酬率會隨市場擴大而上升。技術變動率提高，在以往是與經濟擴張互相關聯的。

　　總之，研究工業革命的經濟史學家，集中注意力在技術變動之上，視其為這一時期主要的動態因素。然而，一般而言，他們並不能回答是什麼造成這一時期技術變動率提高；通常在討論技術進步的原因時，他們似乎假定技術進步是不需代價的，或是自發的。但是綜合而論，技術進步率提高，或是由於市場規模擴大，或是因為發明者得以獲取較大的發明利益的能力增加。

p.166

IV

　　對於工業革命是創新率加速的說法，其最有力的解釋是根據新古典理論直接導出，亦即財產權界定與執行的改善，與日漸更趨有效率且擴大的市場結合在一起，引導資源投入新的管道。它的起源可追溯到比傳統劃分的年代更早的時期。讓我們回到本章開頭所舉的航運例子。十九世紀時蒸汽船與帆船的競爭，正值這場革命發生時。由交易成本降低而引起的生產力提高，至少從1600年以來就已發生，那時荷蘭長笛（Dutch flute，一種專業化的商用貨船）在波羅的海的貿易中已使用，之後在其他航線也被使用。交易成本下

降——由於海盜減少、船艙加大、貿易成長，以及折返時間縮短等因素共同的結果——從而導致在工業革命之前（至少）一百五十年，就開始顯著的生產力成長；這些因素的變化比技術變動更加促進生產力提高。④

　　海洋運輸上發生的事情，也出現在其他產品和因素市場的轉變之中。這個觀點當然並非新創，這是湯恩比在1884年著名演講的核心部分。他寫道：「工業革命的本質，就是用競爭取代以往中世紀控制財富生產和分配的管制。」⑤同樣的主張也見於狄恩（Phyllis Deane）和哈特維爾（R. M. Hartwell）。⑥然而，這一論點的疏漏之處是，就在認定自由放任為發展的關鍵時，「自由放任」一詞不僅具有令人誤導的意識型態味道，而且至少是部分地未抓住重點。確實，重商主義（mercantilism）限制的削弱，包括廢除和修改「工匠條例」（Statute of Artificers）、救貧法、定居法規、高利貸法和航海令等等，都是整個故事的一部分。然而，對建立更有效率的市場而言，特別重要之處在於，對產品和勞務更適當地界定和執行財產權；在許多情形下，這種作法要比單純解除對資本與勞動力流動的限制牽涉更廣，而且和那些變化一樣重要。在農業中私人和議院所做的圈地、確立專利法的「獨占條例」，以及更適當界定和執行契約的習慣法全面發

p.167

---

④　見North（1968）。
⑤　所引湯恩比的文句，見於Hartwell（1971），頁249。
⑥　見Deane（1965），頁203，和Hartwell（1971），第11章。
⑦　見Hartwell（1971），第11章。

展，也都是故事中的一部分。⑦自由放任意味著沒有限制；有效率的市場則意味著適當地界定和執行財產權，它意味著創造一套促進生產力成長的限制。限制的解除，擴大了私人收益與社會收益的差距，因而常常需要政府的積極行動。我們所看到的是，經過英國革命的政府，導向了這樣的發展。的確，這一過程的一部分，是一舉擺脫剩餘條文的約束——讓條文因無人執行而形同具文，這種發展唯有在議院的默許下才會發生。

V

據我的理解，工業革命是始於市場規模擴大。市場擴大，迫使人們用界定得較明確的習慣法來規範企業家，以取代中世紀和王室的約束（第十一章）。市場規模成長也引發組織變化，從家庭和手工業生產之類的垂直整合走向專業化。如第四章所述，隨著專業化而產生衡量投入和產出的交易成本增加，結果助長對投入的監督與中央考察監控品質，從而急劇降低設計新技術的成本。

從製造業經濟組織的演變中，我們可以很清楚地看到構成工業革命特徵的交易成本，與技術變動之間的相互作用。

p.168　從手工到供料加工制（putting-out system）5再到工廠制，跨

---

5 「供料加工制」乃是由「放料者」將（將全部或部分的）原料分到農村，進行代工生產，類似「家庭代工」。不過，當時此一作法的重點，

越三個多世紀。解釋這一轉變的關鍵,是市場規模擴大與品質控制的問題(即產品特性的衡量)。在經濟組織的這一轉變過程中,領取工資的勞動出現,投入和產出的衡量急劇改變,而且對技術變動的誘因提高了。

在都鐸王朝和斯圖亞特王朝的英國,供料加工制的發展,是為了因應這段時期市場需求的擴張。[8]它的特色是將原料分散到各個定點,而從原料到最終產品製造過程中的每一步驟都付給工資(主要是計件工資)。與手工製造業相比,供料加工制是以增加生產任務的分段為特徵——這是亞當·斯密曾指出的市場規模擴張導致專業化的經典事例。雖然它最初的焦點主要在紡織業,但逐步擴展到新式紡織、皮革製品、小金屬器皿等新的領域。克萊普漢(Clapham)認為這一體制至少到1820年代仍在英國製造業居主要地位。雖然逃避城市行會的限制,以及農業餘閒附帶造成廉價勞動的供給,可以解釋製造業的分散,但並不能解釋它所採取的形式。為什麼不簡單地用一系列市場交易,而要由一個中心製造商來僱用勞動呢?最令人信服的答案是,在後一種組織形式中,商人確保品質管理的成本小於前一種。第四章的一個主要觀點是,當品質的衡量有成本時,階層組織會取代市場交易;而供料加工制實際上是一個「原始廠商」,在那裡,製造商試圖在製造過程的每一步驟上維持穩定的品質標

在於可利用農村閒置的勞動與工時,讓製造品在工廠制全面興起之前,可由農業人口的副業方式擴大生產。

準。⑨經由在整個製造過程中保有對原料的所有權,製造商
能夠控制實行品質管理的成本,使其低於在生產過程的一個
個階段中單純買賣所花的成本。逐步朝中央工作場所的發
展,乃是進一步進行更大的品質控制的努力,而且預示著在
整個生產過程中直接監控品質的工廠制度之形成。

p.169　　　向中心工作場所的逐漸轉移,並不能被集中的動力來源
所解釋。在集中動力來源建立之前與之後,工廠的空間一樣
可以、也確實租給個人企業家。其實工廠制的原因是要管理
者監督生產的過程。隨著直接管理和監督的發展,設計技術
進步的成本降低了,這是因為監督者的作用,在於使生產的
每一步驟「合理化」,而這一過程包括設法去衡量每一單位
投入的產出,以及創造更有效率的投入組合。在供料加工制
中,團隊生產並不發揮明顯的作用;可是一旦工人們被聚集
到一個中心地點,得自團隊生產的效益就很明顯,隨著有較
好的方法來衡量個人的貢獻,按著就能降低設計機器去替代
人工的成本。

　　工業革命的發生,是組織變化以改進對工人監督的結
果。這種工廠紀律本身就是品質管制的一個步驟,但又有另
外的後果,為企業家指出新的生產組合,特別是生產過程中
由機器代替人類雙手的作法。

　　大多數有關工業革命的文獻,所強調的重點都指錯了方

---

⑧ 它也廣泛地在不同時間和地點出現,如十三世紀的佛蘭德斯,以及二十
　世紀的中國、亞洲和非洲。

向——從技術變動到工廠制；而不是從中心工作場所到監督、到更高度的專業化、到更適當地對投入貢獻的衡量，再到技術變動。交易成本與技術當然是密不可分的：它增加專業化，從而導致組織創新，組織創新又導致技術變動，技術變動又進而需要組織創新去實現新技術的潛力。

　　就本書的理論架構而言，有一點必須補充。在第四章中我認為，在缺乏有效的意識型態限制時，為約束行為所需的衡量成本就會非常高，以致新的組織形式無法存在。上面描述的政治和經濟變化，創造了非人情化的因素和產品市場，並打破對舊意識型態的執著。工廠紀律（亦即導正行為的規則和獎懲）必須輔之以對新組織形式合法性的投資。工業革命的特色，是在持續努力發展新的社會和倫理規範。馬希斯 p.170（Peter Mathias）[6]描繪這種努力如下：「一套融於新興之社會制度中的社會規範，為滿足這一新的需要而誕生，不論這些規範的實行是如何不完美。勤奮工作的美德——正如史邁爾斯（Samuel Smiles）[7]宣揚的福音——儲蓄、節儉和禁欲成為新的社會聖旨，經由社會賢達透過所有的溝通手段，灌輸到工人階級的腦海中。它們被供奉在非國教徒（nonconformist）和福音派（evangelist）的學說之中。西元1824年後，在主日學（Sunday school）、布道壇和技職機構中，以及在出自

---

⑨　對這一觀點的闡述，見Millward即將出版的文章。

6　已出版於Explorations in Economic History 18(1)(1981)，頁21－39。

7　十九世紀的英國作家，宣揚工作美德與職業倫理。

中產階級之手各種形式的文獻中，都鼓吹這金科玉律，好讓
他們設法將資產階級的美德擴散到整個社會。」（1969，頁
208）在檢視第二次經濟革命的意義時，我還會多談到這個
問題。

第二次經濟革命及其後果

I

「經濟革命」一詞,是用來表達經濟體系中兩種不同的變化:知識存量基本變化所造成社會生產潛力的根本變化,以及隨之而來同樣重要的那種實現生產潛力的組織變化。兩種經濟革命都名符其實,因為它們改變了產出的長期供給曲線的斜率,[1]以致人口得以持續成長,而沒有出現古典經濟模型中的那種悲觀的結果。第一次經濟革命創造了農業和「文明」;第二次經濟革命造成新知識富有彈性的供給曲線,把經濟成長內建於經濟體系之中。兩者都蘊含根本的制度重組。現代世界的組織危機,只有被視為第二次經濟革命的一

---

1 諾思在解釋第二次經濟革命時,提到新知識或技術的供給曲線,也提到產出的長期供給曲線,認為革命使兩種供給曲線的彈性變大。關鍵的論點是產出的長期供給曲線是受到技術變化所決定,技術的供給加速,也就是供給彈性變大,因此兩者都是第二次經濟革命的特徵。

部分才能理解。

　　第二次經濟革命，使新古典經濟學的根本假設得以實現。這一樂觀的假設還認為，新知識能夠在成本保持不變之下產生，而且在各種替代性的邊際調整，能夠造成長久和持續的成長。唯有在科學與技術的結合之下，才可以使這種假設實現。的確沒錯，工業革命是這一演變過程的一部分，它導致科學與技術的聯姻，如果我們希望認定出交換婚姻誓約的確切時間，那麼我們就可能會鑽入語義和技術細節的牛角尖。[2] 重點在於第二次經濟革命——就與第一次一樣——是新知識供給曲線的轉折變化，而並非一系列創新，或任何用來描述工業革命的其他特徵。由於社會生產潛力的實現觸及財產權的徹底重構，因而實現這種潛力的社會力量不是自動得來的。過去一世紀國內與國際的動盪，提供我們充分的證據，顯示第二次經濟革命的技術與政治經濟組織之間的緊張關係所導致的混亂。

　　在本章中，我要檢視第二次經濟革命是如何出現的，它對經濟組織的意義何在，然後再探討那些成為我們現代世界特徵的社會、政治和意識型態的反應。

p.172

2　工業革命與第二次經濟革命，在諾思的看法中發生於不同的時間，然而兩者在時序上與結構上有因果關係，並非兩個獨立事件，因此他一再強調，不該受過去將工業革命理解為單一歷史事件的方式之限制，而應視為一種結構變動的過程。

II

第二次經濟革命發展的第一步，是科學原理的提出。當前對早期科學知識的發展，還沒有令人信服的解釋。科學知識的發展，當然與教會對於人與自然環境關係的思想壟斷降低有關。新教改革運動（Protestant Reformation）乃是這一全面變化的徵兆。伽利略、哥白尼和克普勒，特別還有牛頓，他們領導了一場人類對周遭世界看法上的革命。誰鼓勵了這些人？存在著何種發展新知識的誘因呢？文藝復興時期支持科學家是一種時尚，然而對科學知識有系統的需求，則是現代的現象，而且一定與人們越來越覺得科學知識能用來解決實際問題有關。在大學和研究機構的制度化所顯現的獨特意義，是承認它在廣大範圍的社會需求。科學知識的進步，必定要沿著廣泛而多樣的路線進展，以免我們在利用單一領域的科學發展時，受到其他領域的瓶頸所阻礙。

第二步，如穆森（A. E. Musson）、羅賓生（E. Robinson）和其他人所強調的，是工業革命期間科學家與發明家之間的知識交流。①這種交流有助於促使人們認識到，基礎知識的增加會提高社會（和潛在私人）報酬率。結果，公共和私人在基礎研究中的支出增加了。由於日益理解到科學對於發明的關聯，於是導致人力資本投資的增加。十九世紀末德國化學工業的卓越地位，很大部分要歸因於早期對大批化學家的

p.173

---

① 見Musson, ed.（1972）。

訓練。許莫克勒（Jacob Schmoockler, 1957）指出，1900到1950年間本國科學家和工程師所獲專利數，相對於科學家和工程師人數的比率急劇上升。[3]這一演進最關鍵的特點是，公共和私人組織開始體認到，成功的根本關鍵在於基礎研究和開創式的研究。這一發展的結果，出現了所謂的發明工業（invention industry）。[②]

第三個重要的步驟是財產權的演變，它提高了私人報酬率，並使之更接近社會報酬率。在前幾章中，我強調過私人報酬率的提高，不僅在於專利法，而且在於建立輔助的法規（如關於商業祕密的規定）。智慧財產權（intellectual property rights）的發展，引出如何衡量理念面向的複雜問題，以及一項複雜的權衡問題，那就是提高創新的私人報酬率和給予長時間排他性權利，對貿易造成壟斷限制之間的取捨。雖然更完善地界定發明和創新的財產權，提高了私人報酬率，但大部分基礎研究是由政府資助，以及在大學裡進行的——反映公眾越來越意識到科學進步的高社會報酬率。

III

構成第二次經濟革命特徵的技術突破是，在生產中代替

3　此一發現是指1900到1950年間，科學家與工程師的人數大幅增加，而他們所獲專利數增加得更多，以致比率上升。

②　見Nelson, Peck, and Kolachek（1967），第3章。

人手和人腦的自動化機器的發展、新能源的產生，和根本的　p.174
物質轉換。

　　自動化機器的發展是工業革命的延續，有部分是由於提
高專業化和分工的簡單結果。專業化和分工，使得發明者較
容易於設計機器去取代簡單的任務。惠特尼示範了在製造前
膛槍時能替換零件的好處，以及福特（Henry Ford）製造了
T型車用的裝配線，就是典型的例子。高速電腦是現代最富
革命性的例子，用錢德勒（Alfred Chandler, 1977）的得意名
言來說，它最突出的特點就是持續的高速量產（high-speed
throughput）。那是針對誘發大量產出的大規模市場所做的回
應。

　　隨著瓦特對蒸汽機的改進，新能源也開始在工業革命中
出現；但在其後的兩個世紀，這種改進已被內燃機、電力和
核能的出現超越。結果，每人平均能量消耗，遠遠超過以動
物和人類肌肉為主要能量來源的過去。

　　物質轉換也不是新事物。銅器時代和鐵器時代，之所以
被歷史學家和考古學家如此命名，就是因為在此一時代，
銅、錫和鐵礦石被轉換為有用物質，而造成技術突破。漂白
技術的發展，是工業革命中重大的化學突破。但化學、物理
學和遺傳學的現代科學發展，則造成人類轉換物質為有用材
料和能量的能力出現躍升。例如，煤和石油已被轉換為上千
種與其原始物質的外型和結構大不相同的產品。這種發展的
重要根基，就是有關物質根本來源的科學知識增加，它使得
物質能再組合而轉化為其他材料、能量和新的基因組合物。

巴斯德、愛因斯坦、馮・紐曼（Von Newmann）、克里克與瓦森（Crick and Watson），已成為過去那個世紀傑出的科學革命中眾所周知的名字。正是這種發展改變了基礎知識供給曲線的形狀，並在過去那個世紀所面臨前所未有的人口爆炸中，得以造成持續的經濟成長。

p.175

IV

第二次經濟革命的技術特徵，是在於生產過程中巨大固定資本投資的顯著不可分性。為實現潛在的規模經濟，必須大量連續地生產和分配。自克拉克（J. M. Clark）的《管理成本經濟學》（*The Economics of Overhead Costs*, 1923）和艾棱・楊（Allyn Young）的經典論文〈報酬遞增與經濟進步〉（Increasing Returns and Economic Progress, 1928）發表以來，經濟學家開始討論規模經濟的經濟意義。③經濟史學家們對各種產業的機械化做了詳細描述，近來錢德勒做了如下總結：

> 現代大量生產的興起，需要在生產過程的技術和組織上徹底改變。基本的組織創新，乃是回應高速量產所需的協調和監督。生產力提高和單位成本降低（通常被認為等於規模經濟），主要是來自量產在數量上和速度上的

---

③ 在經濟史的範疇下，對此深入的討論可見David（1975）一書的導言。

增加，而較不是由於工廠或廠房在規模上的擴大。這種
經濟效應主要來自使材料流通於廠房的整合和協調能
力，而不是廠房內工作更趨專業化和更細的分工。
（1977，頁281）

錢德勒繼續討論大量生產與大量分配的整合如下：

隨著新的大量生產工業變成資本密集和管理密集的工
業，它所引起之固定成本的增加，以及為充分利用機器
或工人和管理人員的需要，就對老闆和經理形成一股壓
力，促使他們控制原料和半成品的供應，並且接管產品
的行銷和分配。資本－勞動比率，以及經理－勞動比率
的變化，也助長一股壓力，要求把大量分配和大量生產
的作業整合於單一的工業企業之內。到了1900年，在
許多大量生產的工業中，工廠、工作坊或廠房都成為一
家更大企業的一部分。在勞動密集和技術層次低的工業
裡，大部分企業仍然只經營一兩家工廠。但是在使用更
複雜、高產量，且為資本密集技術的工業裡，企業都已
變成多功能和多單位了。它們介入成品的行銷，以及原　p.176
料和半成品的採購和生產。這些企業不僅協調生產過程
中物品的流動，它們所管理的是從原料供應開始，經由
所有的生產和分配過程，一直到達零售商或最終消費者
的整個流程。（1977，頁282－283）

美國企業的管理革命（managerial revolution），套用錢德勒著作的副標題，是實現新技術生產潛力的努力。錢德勒很具說服力地描述了這種努力的一部分，卻忽略故事的另一部分。管理革命的主要部分，是試圖設計一套規則和紀律程序，以降低伴隨新技術而來的交易成本。

這種潛力需要在職業上和地域中，以前所未有的規模進行專業化和分工。專業化和分工的程度越高，在生產過程中交換的次數也越多。正如第四章所指出，個別家庭生產是完全垂直整合的，沒有衡量成本；但卻以犧牲來自專業化的生產力效益為代價。第二次經濟革命結果恰恰相反。專業化和分工導致交換呈等比級數般的增加，並且帶來生產力方面巨大的效益；然而，來自這些交換的交易成本上升的代價也很高。在這一過程中，專業化帶來的生產力效益，明顯超過交易成本的上升，因此生活水準的躍升，使得現代西方世界在歷史上絕無僅有。但是和這種發展相關的交易成本，耗費了巨大的資源。

儘管歷史統計並沒有特意反映專業化和分工，但藍領（生產）工人與白領工人的比例變化，則提供一些指標。在1900到1970年間，美國勞動力從兩千九百萬增加到八千萬，勞力工人從一千萬增加到兩千九百萬，而白領工人從五百萬增加到三千八百萬（Historical Statistics Series，D卷，頁182、183、189）。但這還不是全部。如果生產過程的協調和整合，涉及製造廠商內部的勞動力比例不斷上升，那麼第二次經濟革命同樣促進了專門從事生產者對消費者交易方

面的廠商數增加。在1860到1960年間，從事貿易的就業人數成長，是勞動力增加的兩倍。一種專門從事於監察的會計和審計職業，在人數上從1900年的兩千三百人成長到1970年的七十一萬二千人（Historical Statistics Series，D卷，頁235），同期政府就業人數從一百萬成長到一千兩百五十萬（Historical Statistics Series，D卷，頁131）。　p.177

　　錢德勒掩飾了與新技術相關的交易成本問題。人們如何設計和衡量在「高速量產」中的交換關係？儘管錢德勒表示垂直整合就是答案，然而大家應該知道，在這生產過程中，每一步驟仍然必須衡量，而且還有監督投入品質的額外難題。在拉長的生產流程之每一步驟中的品質管制問題，和日益嚴重的勞動紀律與官僚主義問題，是這一生產根本變化的附屬品。許多技術設計的目的，是在降低與此伴隨而來的交易成本。它們的作法包括資本替代勞動、降低生產過程中工人的自由度，以及中間產品品質衡量的自動化。④

　　第一個根本的問題，是對投入和產出的衡量問題，這是為了使人們能判定個別因素的貢獻，並且衡量各個生產階段的產出和最終產出。對投入來說，並沒有人們普遍接受的衡量個別投入貢獻的尺度。同樣的，對相關因素的付費也有爭執的餘地。對產出來說，不僅存在著未設定價格的殘餘產出（廢料和汙染物），而且還有在生產過程的每一階段中，確認

---

④ 錢德勒的確討論了科學管理的發展（頁272－281）。高速電腦就是降低交易成本最突出的技術變動。

產品或勞務是否符合理想的複雜成本。

第二個問題是，使用壽命長而轉用價值（alternative value）（殘值〔scrap value〕）低的龐大固定資本投資，必須使交換關係和契約的時間延長。在此期間，價格和成本的不確定性，以及交換當事人一方或另一方可能做的投機行為都會出現。

結果是，首先，衡量產出品質所花的資源成本增加。儘管生產潛力導致每人平均消費的產品和勞務躍升，它也使生產的產品和勞務品質的衡量工作等量成長。歸類、分等、標示、商標、保證和執照，全都是花費代價去衡量產品和勞務特性的方法。⑤縱使已投下資源衡量產品和勞務的「品質」，但在我們周圍仍明顯發生所得的耗費，諸如：很難衡量汽車的修理、評估產品的安全特性，或醫療服務的品質，或衡量教育的產出。我們有些像是《消費者報導》（*Consumer Reports*）、同業工會和商業改進局（Better Business Bureaus）等消費者檢測服務來監督品質。一個主要的政治結果是，需要政府的干預來保障品質水準。

其次，雖然團隊生產發揮規模經濟，但也有消極怠工的增加為其代價。工廠制度的「紀律」，只是在團隊生產中對消極怠工問題所做的因應之道。從雇主的角度來看，紀律包括規則、管制、獎勵和懲罰。諸如泰勒式生產（Taylorism）[4]

p.178

---

⑤ 產出品質的衡量成本進一步的討論，見 Barzel（1980）和 McManus（1975）。

的創新，是衡量個人成績的一種手段。從工人的角度來看，它們是提高作業速度和剝削的非人道辦法。由於沒有公認的尺度來衡量產出對契約成績的貢獻，兩者都言之成理。

另外，投機行為的潛在利益也同樣提高，於是導致企業內（例如勞資關係）和企業間契約關係的策略性行為。產品和因素市場到處都有暗中減低服務的利益，或在有機可乘之時變更合約條款，而獲取巨大的潛在利益。垂直整合、水平整合和聯盟，都是限制這些活動的作法；要求政府充當契約之第三者的訴求增強，奠定管制法令大量成長的基礎。⑥

還有，大規模組織的發展，產生耳熟能詳的官僚問題。如果大組織內規則和管制的倍增，是減少消極怠工和投機主 p.179 義的方法，那麼，與官僚主義相關的淨損失，也是眾所周知而無庸多述了。

最後，還有外部效果：使用這種技術而產生未能取價的利益和成本，同樣也不是陌生的故事。工商企業的成長，是把未能取價的利益內部化的一種辦法。⑦未能取價的成本，則反映在現代的環境危機上。在這危機中，衡量和減少它們所產生的問題，在二十世紀既改變自願性的組織，又導致政府干預增加。鮑默（William Baumol）的《福利經濟學與政府理論》（*Welfare Economics and a Theory of the State,*

4　利用輸送帶連結分工細密的單一作業步驟，所形成的快速作業流程，裝配線（assembly line）是典型的例子。

⑥　對這一觀點的闡述，見Goldberg（1976）。

⑦　見Davis and North（1971）。

1952），是稍早試圖說明政府對外部成本增加干預的著作。

　　快速興起之產業組織的現代文獻中，就有許多有關組織創新能降低交易成本的證據。但是，專業化和分工的擴展，是在職業和地域上展開的。由於新技術降低運輸和訊息成本，導致地區、國家和世界性的專業化，這樣造就深受世界性需求條件影響的市場，把經濟條件的變化傳送到整個世界，並且刺激國際規模的投機主義。結果是，利用政府保護團體防範市場不穩定性和國際投機主義的報酬率提高了。政治不穩定和經濟互賴，成為專業化的代價。

V

　　第二次經濟革命，在西方世界展現一個無與倫比的繁榮時代，也導致大規模行動反抗市場經濟和資源配置的市場形式。由此出現的勞工運動，主要是英國和歐洲的社會主義與共產主義，並且對於這些國家中社會主義和共產主義政治體制和政黨的興起有重要作用。農民和農村運動如果不是積極仇視市場經濟，至少也是為保護他們自己免於激烈市場競爭的成功運動。第三世界國家對資源配置的市場形式並不熱衷。甚至在市場經濟占主要地位的國家中，政府的擴張也反映在控制政治體制上的根本改變，以及經濟組織結構的相應改變。是什麼使市場體制趨於自毀呢？

　　顯然，國家的控制曾在短暫的一段時間內，掌握在那些為自身利益，而促進資源配置的市場形式成長的團體手中。

p.180

那是前面兩章的內容。同樣明顯的是，國家的控制也轉到那些傾向於消除或至少修正資源配置的市場形式的團體手中。為解釋這種轉變，下面要提出兩種假說，這兩種假說都以專業化和分工為起點，而如我們所知的，專業化和勞動分工，是第二次經濟革命不可分的結果。一個假說是，因為崛起的交換關係之特點，推動團體克服白搭便車問題，並且取得國家的控制（或至少參與控制），所以市場競爭引起嚴重異化；另一個是，市場競爭促使利益團體利用國家來變更財產權，由此減輕競爭壓力，以保護他們自己免受競爭的後果。第一個假說主要來自職業的分工，第二個則來自地理上的分工，兩者都是第二次經濟革命的一部分。讓我們依次檢視這兩個假說。

博蘭尼（Karl Polanyi）在其《鉅變》一書中，首次提出市場社會趨於自毀的有力說明。博蘭尼認為，由於土地、勞動和貨幣（通過國際金本位制〔International Gold Standard〕）的商品化破壞了社會構造，所以在十九世紀凌駕西方世界的市場社會，是內在不穩定的。為了品味一下他對市場經濟的批判，值得引用一些他那多彩多姿的文字：

容許市場機制成為人類命運及其自然環境的唯一主宰者，甚至包括購買力數量和用途，將會造成社會的毀滅。對於所謂的「勞動力」商品，它們無法在隨意擺布、不加區別地使用，甚或不用之際，而不影響到作為這種特殊商品承擔者的人類個體。在對人的勞動力處置　p.181

中，體制附帶地會處置屬於這一標籤下物理的、心理的和道德的本體「人」。剝掉文化制度的保護層，人類將因暴露在社會的效應之下毀滅；他們會成為由惡行、變態、犯罪和飢餓所構成之嚴重社會錯置的犧牲者。大自然會被貶抑為成分，鄉里和山川變樣，河流被汙染，國防安全受到威脅，生產食物和原材料的能力被摧毀。最終，購買力的市場行事方法，會定期清算工商企業，因為貨幣短缺和過剩帶給企業的災難，就像原始社會的洪水和乾旱一般。毋庸置疑，勞動、土地和貨幣市場，都是市場經濟所必需的。但除非人類和自然物質及企業組織能得到保護，免受魔鬼煉獄的摧殘，否則就沒有一個社會能承受這種粗糙杜撰的體制造成的效應，即使只是很短暫的時間。（1957，頁73）

博蘭尼的批評是涂爾幹（Durkheim）和韋伯創造之傳統的延續，但對「無管制市場」（unregulated market）瓦解效應之下的社會不穩定，博蘭尼做了最生動的描述。相對於他多彩多姿的描繪，他的分析是含糊不清，有時根本是不實的。他強調是政府締造非人情的市場，但他完全沒有提出一個政府理論，來解釋政府對財產權的創立，或者團體如何影響政府，而導致「自我調節市場」（self-regulating market）死亡。他精彩地描述社會構造的毀壞，而沒有提供一個意識型態理論。他不斷指證資源配置的非市場形式具有社會的，也就是非經濟的目的，但實際上它們通常是出自本章前一節

所描述之降低交易成本的作法。不過,博蘭尼的基本直覺是正確的,而且為理論的重建提供一些線索。

我們可以先同意博蘭尼的觀點,認為是從針對政府的控制所發生的改變,導致對因素市場和產品市場限制的瓦解,就如前章所述。大規模非人情化的因素和產品市場的建立,是實現第二次經濟革命生產潛力的基本前提,但付出的代價卻是意識型態的嚴重異化。我們只要回到第五章一開始所提出關於意識型態的兩難困境,就可以觸及問題的核心。任何 p.182 社會的穩定,都需要有意識型態方面的上層結構,將遊戲規則合法化。

第四章提到交易成本時所描述的人情化交換,可以因為雙方有重複交往和人際接觸,而使偷懶卸責和投機主義的利益極小化。而且,交換過程是建立在規則和財產權公正性的社會倫理之上。互惠當然強化了這種行為準則,但是若認為在人情化交換之上「共識的」(consensus)意識型態只是純粹互惠,則就錯了。共識的意識型態實際上是一種生活方式,在那些條件下,正式的交換和監督規則會是極少的。

相對之下,非人情的市場交換過程,首先就促使人們對現實的認知分歧,進而導致不同的和矛盾的意識型態。一名勞動者與其他勞動者相同的經驗,日漸從個人間的維繫被割斷,而那些維繫才會產生共同的價值觀念。非正式協議必須被正式契約所取代;其造成非人情的市場組織結構,鼓勵了霍布斯式困境(Hobbesian dilemma)的行為特徵。也就是,一系列正式的規則會形成,在市場交換中一方面約束行為,

但另一方面也創造了條件，讓違反規則可以得到很大的好處。在人情化的交換中，那些被共同意識型態約束行為的人們，很快會認識到他們在這種新環境中被人所踐踏。在新的環境中，交換各方的極大化行為，會有巨大的好處。非人情的市場競爭引起交換中基本的敵視關係。傳統的地位關係、「公平報酬率」、誠實和正直，被交換條件所引起之無所不在的衝突取代。特別是，因不可能衡量團隊生產中的勞動產出條件，而引發怠工對抗趕工的衝突。

不足為怪的，在這樣一種環境中，馬克思得以建立一種環繞在階級衝突的歷史理論，並把技術作為外生變數；或者像熊彼德（Joseph Schumpeter）會認為，資本主義的成功造成意識型態異化，從而導致其衰落。但熊彼德和博蘭尼的分析有其疏失，而馬克思及其信徒也只不完全且不適當地處理了那個疏失。那就是缺乏一種理論說明，克服白搭便車問題的方法，如何導致集團得以占有（或至少是部分控制）政府，而使用政治程序來捍衛其交換的條件。

p.183

在十九世紀的英國和歐洲，階級意識的成長已成為社會史學家所偏愛的問題，許多馬克思主義者著作中的意識型態觀點，已對工人異化過程提供實在的見解。馬克思強調，意識主要取決於人與生產方式的關係，這種看法仍然是一個重要的貢獻。非人情的勞動市場出現，切斷了工人舊的意識型態，使他與其他工人在共同對抗雇主的利益上認同。引用梯利（Charles Tilly）的話來說，馬克思對「《法蘭西的階級鬥爭》」（*Class Stuggles in France*）一書的解釋，歷經時光仍維

持不墜」（1969，頁13）。從盧德主義（Luddism）[5]到憲章主義（Chartism）[6]再到工黨[7]接連的運動，反映英國工人意識型態觀念的演變。在歐洲大陸上，階級意識較遲出現，反映出在非人情的勞動市場發展滯後；但縱使起點不同，卻出現相似的抗爭型態。[8]然而，在歐洲大陸上，馬克思對工人意識型態觀念的影響，遠遠超過英國。

職業專業化和分工的結果，破壞了構成一致的意識型態結構的溝通和個人維繫，並且基於職業專業化環境，而出現對現實嶄新且矛盾的看法，因而產生不同的意識型態。異化激發利益團體參與對國家的控制，企圖改變他們的交換條件。

相較之下，第二個假說主張，市場體制的自毀趨勢是來自競爭的內在不穩定，而競爭是因運輸成本之降低，導致地區性、全國性和國際性專業化及分工的興起。這種競爭又導致交換條件（和在勞動力市場下的失業）劇烈波動，並且引起利益團體為了減輕競爭壓力而投下資源，試圖去影響或控制政府的政策。在農民團體的情形中，農民堅信自己是工業　p.184

5　十八到十九世紀初，英國傳統的紡織工擔心新式工廠對他們的職業帶來威脅，而發動砸毀工廠機器設備的行動。

6　英國發生於1838－1858年的政治運動，提出人民憲章，推動工人階級的選舉權。由於1832年的改革法案並未將選舉權擴大及於沒有財產的民眾，勞工領袖們於是不斷鼓吹，使工人相信他們經濟狀況的困境，可以透過取得參政權而解決。

7　英國工黨創立於1900年，是一個代表勞工階級利益的中間偏左政黨。

8　見Rimlinger（1960）。也可參見Tilly（1975）。

體系中貿易條件逆轉的受害者,因而引起大型群眾行動。在製造業中,新的競爭打破既存的區域壟斷,並導致參與影響政府的活動。在馬克思學派的文獻中,這常常被視為是新興的資產階級推翻地主階級政治統治的階級鬥爭,如穀物法(Corn Laws)[8]的廢止。然而,這種強調曲解了擁有財產的團體,為了削弱市場競爭而做的無所不在的鬥爭。歐洲自由貿易的勝利雖然可觀,但很短暫。很快就來代替它的,不僅有反抗外來競爭的貿易壁壘的復興,也同樣有削弱內部市場競爭的努力。

VI

第二次經濟革命造成西方經濟在過去幾個世紀中的結構性轉換,已成為社會科學家們所撰大量文獻的主題。其中有許多對於我們的理解有重要貢獻,但其描述是不完全的;由於意識型態的差異和學術研究的學科分際,仍然缺乏對這一結構轉型的整體綜述。

新古典經濟學已經藉由零交易成本的條件,認識並闡述這次革命在生產力方面的含義,近來又探討了正交易成本對經濟組織的含義。但它未抓住意識型態的後果,因而僅提出

---

8 英國在1815－1846年之間實施,對進口穀物設限與課徵關稅。在社會上與政壇引起激烈的辯論與對立,在1845－1846年間因糧食歉收,才得以成功廢止。之後還引起恢復之議,至1849年才確定廢止。

一個甚為不實的政治過程理論。新經濟史學家因為以新古典理論為分析基礎，沒有對歷史的結構變遷提出多少看法；即使是關於正交易成本的文獻，也才剛開始滲入經濟史的研究中。

馬克思分析的力量，正是在於強調結構變遷和社會生產潛力，與財產權結構之間的矛盾；但由於其強調階級劃分，從而漠視了經濟組織中階級內部的衝突。然而，馬克思的分析最嚴重的缺陷是，它視異化問題為資本主義的產物，而未認識到該問題是第二次經濟革命所內含的組織結果。偷懶卸責、投機主義和外部性，在蘇聯和其他社會主義國家中，與在資本主義國家中一樣普遍存在。的確，西方世界的馬克思主義者廣泛認為蘇聯並不是社會主義，只是在基本上誤解了現代組織危機的本質。 p.185

從涂爾幹到帕森斯（Talcott Parsons）的社會學傳統，已認識到現代社會組織的分化效果。帕森斯的《社會行動的結構》（*The Structure of Social Action*, 1937）一書，是掌握這許多問題的開創性之作，但他並不能為解釋白搭便車這個兩難問題，而建立一個完整的理論。政治科學家雖然考察了多元主義（pluralism）這樣被多種利益的團體所控制的政治過程從何興起，但是也沒有從中演變出政府理論。

最後，我們回到博蘭尼。造成現代苦難的自我調節市場，是以非人情的勞動市場、土地市場和金本位制為其根源。所有這三者都已消失，或已發生結構性改變，以致它們與博蘭尼所描述的十九世紀特徵完全不相似。實際結果與博

蘭尼對這種變化謹慎而樂觀的看法，也沒有多少相似之處。由工人、農民和企業團體的鬥爭形成對國家的多元控制，使得以前的財產權結構瓦解，代之而起的是以犧牲第二次經濟革命效率潛力為代價，對所得和財富重分配的政治角逐。而且，這種鬥爭並沒有促成新的意識型態方面的社會構造，足以重新解決這種組織矛盾。

自1914年，特別是1930年以來，金本位制的瓦解已扯掉貨幣供給名目的纜繩，並從而消除限制價格水準變化的力量。結果是，各方競爭的利益團體對貨幣供給的操縱，成為現代世界一項主要的不穩定力量。[9]

p.186 　　博蘭尼總結：「社會主義根本上是工業文明的內在趨勢，它藉由有意識地使自我調節的市場隸屬於民主社會，而超越了它。」（1957，頁234）雖然博蘭尼對這些問題有深入的審思，但他也沒有真正理解第二次經濟革命。

---

[9] 見Barro（1979）。

第十四章

美國經濟的結構與變遷
1789－1914

I

第二次經濟革命的影響之下，所有西方世界的經濟都經歷深刻的結構變遷。儘管最初的政治經濟結構各不相同，但接踵而來的變化，都導致政府的角色提升。美國的情況，只是在起源上有獨特之處。

政府的成長，不僅是政府收入在國民生產毛額中所占比例的增加，同時也在於參與政府行政過程的團體範圍擴大（多元主義）、界定經濟結構的限制條件改變，以及那些限制條件變化的軌跡。

本書第一篇中分析架構的假設，經過第二篇中歷史章節至目前為止的擴充，可以毫不意外地推論出政府的成長。較令人吃驚的是，有一個短暫的時期，政府的地位相對頗為節制。美國殖民地從英國手中接管過來的特殊地位，不僅在於演變而來的財產權結構（以及習慣法），而且包括從英國革

p.188 命中所興起對強大政府的深刻懷疑；美國革命和各州在邦聯時期的行為，更加深了這種懷疑。本章所要談的是，憲法的制定者如何設法控制政府，以及最後這些控制措施是如何毀壞。一般人很容易將這一過程扯到經濟大蕭條（Great Depression），因為這一事件通常被認為與結構變遷連在一起。然而，這種觀點根本不正確。在美國和西方世界的其他地方，發生這種變化的基礎是在第一次世界大戰就已奠定，大蕭條僅僅是加速這種轉變的一段插曲。經濟學家和經濟史學家未能分析結構變遷，使他們誤解二十世紀的經濟史。①

II*

我首先分析一下建國前輩們的憲法結構。麥迪遜（James Madison）認為，總是有許多互相衝突的財產利益，它們之間自相殘殺的鬥爭──如果不受控制──會迫使政治經濟體制癱瘓。有權參與財產權之政治重構的衝突集團（有財產的或無財產的），會利用這種途徑進行財富和所得分配，而犧牲他人的利益和體制的活力。

麥迪遜的《聯邦主義者論文第10篇》（*Federalist Paper Number 10*）詳細說明所有政治體制所面臨的根本困境。它值得我們重讀一遍：

---

① Hughes（1977）和Anderson and Hill（1980）則是例外。

* 這一節摘自North（1978）。

黨派最普遍而持久的成因，是財產分配的不同和不平
等。有產者和無產者，在社會上總會形成不同的利益集
團。債權人和債務人也有同樣的區別。地主集團、製造
業集團、商人集團、金融集團和許多較小的集團，在文
明國家裡會應運而生，並且將他們劃分為不同的階級，
受到不同情感和見解的驅動。管理這各式各樣又互相牽
制的利益集團，構成現代立法的主要任務，並且牽動黨　p.189
派精神進入政府日常必要的運作中。……

我們的推論是，黨派形成的原因無法消除，只有設法尋
求控制其影響的方法以求紓解。

如果一個黨派所包括的人不是多數，可用共和的原則來
解決，也就是使多數人用定期投票來擊敗其惡意的主
張。黨派能妨礙行政、動盪社會，但它不能在憲法的形
式下進行與掩飾其暴力。另一方面，當一個黨派包括一
個多數在內時，人民政府的形式能使他們把公益和其他
公民的權利當作犧牲，以追求統治的狂熱或利益。因
此，保護公共利益和私人權利免遭這種黨派的威脅，同
時保持人民政府的精神和形式，乃是我們要探索的宏大
目標。（1937，頁87－88）。

麥迪遜在制憲會議（Constitutional Convention）上所建
立的政治結構，明顯是為了防止黨派霸占優勢地位。他希望
使社會團體在那些藉由政治程序進行財富和所得重分配的作
法上無利可圖。制衡（checks and balances）體制的設計是要

使得任何黨派，不論是多數派還是少數派，在此方式下利用政治體制須付出高昂代價。三權分立的政府體制——行政、立法和司法，立法部門進一步細分為兩院；以及聯邦、州和地方政府的運作，都設計得使人們難以利用重組財產權，來實現財富和所得的重分配。[2]

西元1801到1835年，美國最高法院首席大法官馬夏爾（John Marshall）很關心在憲法批准之前，一直危害著私有財產權的不安全感。當時「在許多州，即使不是全部的州，普遍實行的立法程序，降低人與人之間的信任感，並使個人之間的所有交易難以正常進行，因為它們摒棄了忠實交往的作為。」[3]私有財產權制度的強化，有很大程度是在於依法限制政府的權力。目的就是使一套綜合性的規則，體現在非人情的法律結構中——規則不會因出現政治奇想和立法機構的變化而改變。因此，按照馬夏爾大法官會議（Marshall Court）的解釋，憲法契約條款的目的是為了消除私人財產的不安全性，這種不安全性主要是由組成聯邦之各個州的行為所引起。

p.190

或許需要強調，憲法廣泛地反映了制定者的利益。儘管制定者的利益各不相同，並且由此而出現許多妥協，但基本的憲法結構與第三章中提出的論點是一致的。雖然對畢爾德

---

② 實際上，奴隸制的廢除乃是十九世紀財產權的一項主要變更，而其所造成的財富重分配，是經過內戰才得以完成。

③ 《道特茂學院受託人訴烏德渥案》（*Trustees of Dartmouth College vs. Woodward*, 1819），重印於Commager（1948，頁220－223）。

（Charles Beard）的《憲法的經濟解釋》（*An Economic Interpretation of the Constitution*, 1913）一書進行質疑，已成為一種時髦，但天真地認為憲法反映脫離現實的智慧，則同樣是魯莽之舉。憲法所反映的意識型態，要比任何一種特定利益更寬廣，但從憲法制定者的觀點看來，這些意識型態與自己的利益一般而言是相符的。儘管憲法制定者的目的是為抑制所有黨派，但某些黨派利用政府的成本，要比其他黨派為低，如十九世紀上半的關稅立法就是證據。赫斯特（Willard Hurst）在他的《十九世紀的法律與自由情況》（*Law and the Conditions of Freedom in the Nineteenth Century*, 1956）一書提出的「能量釋放」（release of energy），是以私法的發展為其根源。在十九世紀前六十年，私法的產生把財產權的解釋從一種明顯反對發展的偏見，轉變成另一種看法。根據這一看法，「財產之各種不同用途的相對效率，應該成為法律上合理損害的最高檢驗原則」（Horwitz，1977，頁38）。簡言之，十九世紀中期形成的美國社會之法律結構，明顯地反映新古典理論中所說的效率標準。

　　然而，應該承認，正如採用國民所得會計衡量社會成本和收益，是一種有限又短視的方法一樣，十九世紀法學和經濟學中的效率標準也是如此。前文引自霍維茲（M. J. Horwitz）的話表明，用那種方式衡量損害，是要付出成本的；而這些成本根本沒有被考慮到。更精確一點地說，把利益算在內，成本排在外，是會符合國民所得計算所衡量的高成長率。

p.191 在這個時代出現新古典經濟理論，是不足為奇的。在成長和放任市場的歷史背景下，新古典經濟學家把私有財產權體制中的交換視為其理論基石。這些經濟學家關心的，主要是市場均衡價格和數量附帶的特性（透過福利理論）所意含的經濟效率。

這種政治法律結構，對美國經濟的成果有何影響？經濟史學家已經詳細調查這些影響，我這裡只要強調兩點按國民所得帳所衡量的成果。一是，並不精確的統計數字指出，本世紀上半葉實質每人平均所得的成長速度為每年1.3%，下半葉為1.6%。這第二個數字也可說是實質每人平均所得每四十三年就多一倍。二是，本世紀裡財富和所得的分配似乎更不平均。④

雖然轉向更強大的政府干預，開始於十九世紀最後的二十五年，但是要注意其漫長歷史前提的重要性。在殖民時代，就存在州和地方對工商業的管制（在此之前，這一切可回溯到英國經濟史）。十九世紀最後二十五年，出現的轉變是從州管制走向聯邦管制，以及從鼓勵、促進走向控制。

在這轉變道路上的里程碑，是眾所熟知的。1877年《孟恩訴伊利諾州案》[1]的判決，確立「影響公共利益」的私人企業要受伊利諾州政府的管制和控制。十年以後，憲法中的商

④ 然而，這個推測的統計基礎很薄弱，十九世紀美國經濟一個主要的結構變遷——奴隸的解放——是有相反作用的。

1 該案是關於州政府是否可以管制私人企業在裝卸貨物設備的價格，所引起的爭議。

業條款被用來禁止州的管制，其理由是州的管制妨礙州際之間的商業，並且成立聯邦州際商業委員會（Federal Interstate Commerce Commission）來管制鐵路。三年以後出現《薛曼反托拉斯法案》（*Sherman Antitrust Act*）；1906年又通過《純淨食物與藥物法案》（*Pure Food and Drug Act*）；1914年成立聯邦貿易委員會（Federal Trade Commission）。

　　農民抗爭運動（綠鈔黨人〔Greenbacks〕、格蘭傑會員〔Grangers〕和民粹主義者〔Populists〕）[2]，接二連三導致在聯邦管制介入前的州管制，並且要求根本改變農業的結構。儘 p.192 管從短期來看，農民很少達到他們的目的，但他們發動了對麥迪遜傳統的重大打擊。他們抗議不受管制市場分配的公正性，要求改變根本的政治和經濟結構，以改變這種所得分配狀況。

　　西元1890年「開疆的終止」（closing of frontier），儘管絕對不是禁絕根據各種土地法令取得土地，卻使人們越來越意識到，土地和資源的供給不再是無限的，並且從根本質

2　美國在南北戰爭期間曾擴大貨幣供給，發行的一大批鈔票沒有黃金準備，這些鈔票被稱為「綠鈔」。戰後，財政部有意收回這些鈔票，回復金本位。此舉將減少貨幣供給，造成物價緊縮。引起反對的力量，在1870年代形成支持綠鈔的政治勢力，進而組成政黨。這項政策主張雖然旨在號召勞工階級，可是實際上支持者大多是農民。農民因感受鐵路興建後造成農產品價格變動，已經另組成政治勢力，稱為「格蘭傑」。格蘭傑與綠鈔黨的力量結合，是美國政治的「民粹運動」，終於在1891年組成人民黨（People's Party），又被稱為民粹黨。在1908年，人民黨併入民主黨。

疑，把公有土地不受限制地賣給私人，究竟在多大程度上會
與社會福利相符。從農業社會向領先世界的工業國家轉變，
反映出農村社會向城市社會轉變，大型經濟組織成長，而移
民流入提供勞動力。伴隨這種轉變而出現病徵，也是眾所周
知的。勞工騎士（Knights of Labor）、海馬科特暴亂
（Haymarket riot）[3]，都是這種轉變的反映。

　　較不引人注目但卻同樣特殊的，還有演變中的城市社會
為解決日益加劇的「公共問題」（public bads）付出的努
力。1890年，人口超過一萬人的城市有26%完全沒有下水
道，而在那些有下水道的城市，只有45%的住屋有汙水排放
系統。到1907年，幾乎每個城市都有了汙水排放系統。
1900年，只有少於3%的城市有處理過的清水供應。到1920
年，將近37%的城市有處理過的清水供應。

　　有必要強調十九世紀和二十世紀初期出現的轉變前兆，
因為我們過於習慣把這種轉變看作是二十世紀後期的一種現
象。但正如休斯（J. R. T. Hughes）在《政府的習慣》（*The
Governmental Habit*）一書中所指出，「孟恩把最高法院的印
記烙在這樣一種觀念上，即在美國資本主義體制中，認為私
有財產要服從政府的管制，或服從主導的統治勢力，即使這
份財產並沒有得益於某種政府特別許可或授權」（1977，頁
112）。同樣的，農民運動的綱領最終被納入主要黨派的綱領

3　勞工騎士團是1880年代美國最重要的勞工組織之一。因為在1886年芝
　　加哥市海馬科特廣場示威時發生暴動，而染上暴力抗爭的形象。

之中，而且逐條被採行。土地保護運動的結果，是停止把大
量剩餘的公有土地賣到私人手中。這時也開始出現一些勞動 p.193
法規，限制雇主和受雇者之間的契約自由——最明顯的就是
關於婦女和兒童的就業。

　　在1914年之前，從占國民生產毛額的比例來看，政府
規模並沒有明顯擴大，但根本結構變動的基礎已被奠定，這
種結構變動導致麥迪遜體制瓦解。下一節我將簡要地描述一
下逐步漸增的變化，這種變化改變了利用市場與利用政治過
程的相對價格。然後再檢視第二次經濟革命的組織壓力，是
如何引發各種團體修正市場體制。

III

　　政治結構與司法態度上的變化，重組了決策的成本收益
結構。特別是，增加聯邦政府收入的成本發生變化；制定規
則的決定權改變，從立法部門轉向行政部門，或者從立法部
門轉向由行政部門任命的獨立委員會；貨幣供給的控制，變
成由行政部門控制。讓我們依次分析這些問題。

　　1913年使所得稅合法化的憲法修正案，是擴大政府所
得，以及為移轉支付（transfer payment）提供基礎的最初契
機。這項修正案一旦成立，以後變更稅率的成本就只須國會
立法推行。

　　政府行政系統的各個部門建立起來，成為特殊利益團
體的遊說對象，並且隨著行政部門獲得立法部門授予法

規制定權,取得越來越大的決策權和法規制定權。農業部(Department of Agriculture,在1889年成為內閣單位)法規制定權力的演變,就說明了這種趨勢。對於肉品包裝業來說,出口市場是所得的主要來源,但是自1879年以來,各個歐洲國家都接連因為預防疾病,而限制進口美國產品。這種限制損害了農民與肉品包裝業兩者的利益,於是格蘭傑團體(Grange)和肉品包裝業者進行遊說,要求聯邦政府對肉品進行檢查。1884年,國會在農業部設立了畜牧局(Bureau of Animal Husbandry),並且在1891年,國會又通過了第一個肉品檢查法;所有肉品出口產品,按規定都須接受農業部檢查員的檢查,違反者會被處以罰款和監禁。其結果之一,就是確立和執行了對產品品質統一的衛生標準。就在1906年,老羅斯福(Theodore Roosevelt)總統簽署《肉品檢查法案》(*Meat Inspection Act*)的同一天,他還簽署了《純淨食物與藥物法案》,這一法案的目的,同樣是對其他食物與藥物執行品質標準。

p.194

執行品質標準,是農業部被授予法規制定權的明顯理由。跟隨辛克萊(Upton Sinclair)《魔鬼的叢林》(*The Jungle*)一書之後出現公眾的強烈要求,通過1906年法案的成本大大降低了。但是,如果品質標準是全部的問題所在,那麼這些品質標準當然可以由大型肉品包裝廠商自組的團體行動來做。這些廠商對政府法規的熱烈支持,有兩個目的:省下它們的檢查成本,以及減少來自大量小型肉品包裝廠商的競爭。⑤儘管品質標準是一個明顯的理由,但控制競爭在

一開始就是把法規制定權從國會轉給農業部的關鍵。雖然農業部的支持者在各種藉口下，要求進一步把法規制定權從國會移向農業部，但其主要動力是為了減少或消除市場的競爭壓力，以及增加需求。保證價格、學校午餐計畫、為和平送食物（Food for Peace），以及有關牛奶銷售的法案，馬上就接踵而來。

商業及勞工部（Department of Commerce and Labor）成立於1903年；十年後再分為商業部和勞工部。這兩個對於變更財產權的法規制定權的演變歷史，都類似於農業部的情形。

從1892到1911年間一系列的法院判決，完成法規制定權從立法部門向行政部門的移轉過程，這些判決承認行政部門有權根據國會確定的主要政策目標制定規則。在《合眾國訴格里茂德案》（*United States vs. Grimaud*, 1911）中，法院判定，行政條款具有法律效力。⑥　p.195

近年來，「委員會政府」（commission government）的建立，在美國經濟的結構變遷中被賦予重任。以為數不多的委員會取代龐大的麥迪遜式政府機構，大大地降低利用政治程序變更財產權所花的成本。1887年州際商業委員會（Interstate Commerce Commission）的建立，在美國經濟史中不負使命

---

⑤　見Kolko（1963，頁98－108）。

⑥　見Anderson and Hill（1980，第6章）關於這種權力的轉移，以及其對行政部門和立法部門的含義，有進一步討論。

地產生重要作用，在最近的研究中，已有大量材料說明這個委員會法規制定權的建立和擴大。[7]在法規制定從立法機關向委員會轉移的同時，也出現立法部門委託行政部門做法規制定。1906年通過的《赫本法案》（*Hepburn Act*），授權州際商業委員會決定最高運輸費率。1910年通過的《曼－埃爾金斯法案》（*Mann-Elkins Act*），把州際商業委員會的職權範圍擴大到控制電話、電報和電纜行業。它不僅對減輕運輸業競爭起了主要作用，而且成為以後建立委員會的模式。1914年創立的聯邦貿易委員會（Federal Trade Commission），就順理成章地成為委員會政府，其目的是為了在更廣泛的基礎上處理不公平競爭和價格歧視。二十年以後新政（New Deal）時期各種委員會的縮寫，幾乎把二十六個英文字母全用上了。

　　西元1914年聯邦準備制度（Federal Reserve System）的創立，在經濟史的教科書中，被視為全國貨幣委員會（National Monetary Commission）研究的結果；是對1907年的恐慌中所顯現無彈性貨幣供給的一種反應；也是與建立強大單一的中央銀行之想法妥協下的產物。但是，聯邦準備制度的創立，更重要的層面是在一種結構變化，把貨幣政策與政治體制緊密地聯繫在一起。從短期看，這種結構變化使得斯壯（Benjamin Strong）[4]和紐約的聯邦準備銀行（Federal

---

[7] McAvoy（1965）和Hughes（1977，頁115－120）。

4 （1872－1928）原先活躍於金融界，參與並主導美國聯邦準備銀行制度的規畫，在制度開始運行時，他擔任第一任紐約聯邦準備銀行行長。

Reserve Bank）功勛卓著，並導致建立了強有力的聯邦準備理事會（Board of Governors）和對貨幣供給的政治控制。

　　儘管這種結構變化主要應歸功於利用政治程序的利益團　p.196
體壓力，但法院的作用也很重要。正如薛伯（Harry Scheiber,
1972）所說，孟恩案在州的立法機關中很早就有司法先例。
在孟恩案的判決之後，最高法院似乎並沒有沿著成規快速邁
進。法院在有些情況下會支持州有超越聯邦的管制權力，而
在另外的情況下則未必支持。有時，最高法院幾乎要為孟恩
原則翻案。但是有一件無可爭辯的事實清楚浮現。到1914
年為止，許多結構變化都已各就各位，而且若是沒有最高法
院的幫助或至少是默許，這些結構變化就不可能出現。[8]

IV

　　顯而易見，利益團體的壓力在結構轉變中插上一手，但
是如果不考慮第二次經濟革命動員起利益團體的力量，以及
意識型態變化改變參與者選擇範圍的作用，則這種說法就並
不完整。

　　農民運動是對日益加劇的農產品世界性競爭的反應，這
種競爭使得農民面臨劇烈的價格波動。這場運動也是對鐵
路、穀物倉儲和加工業所做的有效價格歧視的一種反應。雖

---

[8]　關於法院態度的演變的討論，見Hughes（1977，第4章）和Keller
　　（1977，第9、10、11章）。

然格蘭傑運動集中在要求地方和州政府進行干預，以便改變其對鐵路和穀物倉儲業的交換條件，但是減少競爭和改變農產品與非農產品交換條件（以及關於限制州政府干預的法律解釋）的願望，把農民的注意重心轉向全國層次。

　　這一時期企業史的特點，一方面是像「強盜貴族」（Robber Barons）的故事，另一方面又是「看得見的手」（The Visible Hand）的發展。這兩種觀點，事實上都反映了第二次經濟革命組織結果的成分。在前一章中，我簡要地描述過錢德勒滔滔詳述的管理革命。但是，同樣是歷史的一部分的，還有包括醜聞報導的事件：杜魯（Drew）、費斯克（Fisk）、顧爾德（Gould）[5]和其他人對鐵路資金的操縱；人壽保險公司對紐約州立法機構的控制；洛克菲勒（Rockefeller）與賓夕凡尼亞鐵路局（Pennsylvania Railroad）的回扣合約，摩根（Morgan）則為鞏固其產業無所不用其極，還有在這商業活動燦爛時代所發生的許許多多其他事件。這些事件都反映出投機行為和限制第二次經濟革命帶來的競爭，所產生的巨大利益。這些事件也反映自願式解決辦法的不穩定，因為「君子協定」引發的欺詐，所能得到的利益過於誘人，而使協定不能長保穩定。1874到1898年間，連接西部農業區和東部海岸線的主要鐵路幹線，經歷四次大的和許多小的重組，原因是價格協定不斷遭到破壞。[9]只有托拉斯是對投機

p.197

5　這些人是十九世紀美國鐵路大亨，他們縱橫股市，名聲不佳。

⑨　Keller（1977，頁424）。Ulen（1980）則指出，自願式的勾結在經濟擴

行為的有效回應，而1890年薛曼法案至少部分是為關閉這扇門而設計的。利用政府機構，是自然而然的下一步。人壽保險公司曾利用州級政府機構來減少競爭，並且阻止不滿的投保人要求大公司說明發放紅利太少的原因（North, 1953）；別的工商業和金融業利益團體發現，它們能夠透過聯邦層次的各個部門和委員會，更有效地遏止競爭。⑩

　　儘管在歐洲，勞工運動早就轉向政治程序，但在美國經濟的結構轉變中，勞工運動並沒有占居主要地位。岡波斯（Samuel Gompers）⁶的美國勞工聯盟（American Federation of Labor）被工匠工會把持，它們擁有強大的操縱力量，限制加入者的競爭，並且能從事投機活動，以改善其交換條件。在第二次經濟革命的產業中，勞動力含有大量移民，他們在種族和語言上存在很大差異，這些差異被雇主們有技巧地利用來提高組織成本。這種差異同樣增加工人團結起來，展開廣泛政治活動的成本。許多被提議過（而且經常被法院宣告為違憲）或施行過的社會立法，都不是源自於美國勞工聯盟。實際上，縱觀至1935年的《社會安全法案》（*Social Security Act*），這一團體大致仍對這種作法不滿。有必要引入意識型態因素，才能夠解釋中產階級改革者所倡導的社會

p.198

張時期能有效地運作，但在緊縮時期則容易失敗。他也懷疑任何一個特定利益團體在1920年以前有控制州際商業委員會的能力。

⑩　見Kolko（1963）。

6　（1850－1924）他在1886年創立美國勞工聯盟，利用集體談判的方式，為勞工爭取權益，並因此出名。

立法的早期發展。

我想不出有何證據，可以用來準確地權衡這一時期意識型態與利益團體，在立法通過過程中的重要性。關於所得稅的憲法修正案，是民粹黨綱領的一部分，如同整個農場運動（farm movement）一樣，不考慮意識型態方面的因素，這一修正案是難以解釋清楚的，因為這涉及大型團體的行動能夠成功解決白搭便車問題。如柯克（Gabriel Kolko）在《保守主義的勝利》（*The Triumph of Conservatism*, 1963）一書中提出一個有說服力的例子，說明進步運動（Progressive movement）被利益團體利用，去實現其目標。如同前面已經引述的，辛克萊《魔鬼的叢林》一書非常有助於1906年《肉品檢查法案》的通過。米勒（Miller, 1971）指出，格蘭傑立法背後最重要的力量，是地區性的商業利益，這些商業利益由於鐵路的發展，而受到競爭的不利影響。

明顯的是農民的意識型態和進步運動造成的行動，被利益團體利用來改變體制。對意識型態轉變的最明顯反應，是司法部門態度的演變。最高法院態度的逐漸轉變，是一個漫長的過程，從孟恩案中首席大法官威特（Waite）[7]的立場，到大法官菲爾德（Field）[8]和大法官霍姆斯（Holmes）[9]之間的

7　Morrison Waite（1816－1888）擔任首席大法官的期間是1874－1888年。

8　Stephen J. Field（1816－1899）擔任大法官的期間是1863－1897年。

9　Oliver Wendell Jr. Holmes（1841－1935）擔任大法官的期間是1902－1932年。

衝突，[10]再到《內比亞訴紐約案》（*Nebbia vs. New York*, 1934）中最高法院宣布「工商業涉及公共利益的影響，尚無任何定論……」[11]在1914年以前，意識型態的轉變仍在進行中，但到二十世紀的三〇年代，意識型態的轉變已經確定完成。[11]

10　他們三位大法官在十九世紀末處理許多重要釋憲案，孟恩案是其中關於政府管制私人企業的關鍵案。霍姆斯主張政府可以依合理的理由與合法的程序介入私人活動；菲爾德則主張維護私人及其財產的自由。由於案件涉及州政府的職權，焦點落在聯邦是否可以干預各州行政。首席大法官威特的立場顯示於結果中，一方面限制州政府干預企業，另一方面開啟聯邦政府介入。

⑪　引自Hughes（1977，頁213）。Hughes and Anderson與Hill（1980，第7章）提供一項對意識型態轉變的描述。

11　內比亞案是關於紐約市政府限制牛奶價格是否違憲。大法官會議的決定，是州政府的政策在不違反憲法的限制之下，有合理的公共利益原因，合法程序（due process）的原則並不禁止。諾思引用的文字看似結論不確定，其重點是因為牛奶價格的管制影響消費者，也影響企業主與勞工，其「公共利益」沒有定論。然而法院認為無法否定政府政策顧及公共利益，因此容許政府進行價格管制。該案發生於經濟大蕭條時期，有人認為當時的環境影響此案的決定。不過，諾思在此強調的是意識型態長時間的轉變，不偏重短期特定事件的影響。

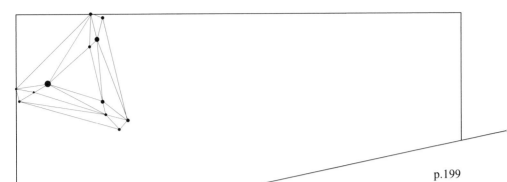

p.199

第三篇

理論與歷史

制度變遷理論與
西方世界的經濟史

I

　　制度提供人類互動的架構。它們建立合作與競爭關係，從而構成一個社會，或更確切地說是一種經濟秩序。當經濟學家將經濟學視為選擇理論，以及討論由機會和偏好所決定的選擇範疇時，他們完全遺漏約束人們選擇範疇的制度架構。實際上，制度是個人與資本存量之間（如第一章所述）、資本存量與物品勞務產出之間，以及資本存量與所得分配之間的過濾器。

　　本書書名中的「結構」一詞，是指制度架構；「變遷」一詞，是指隨著時間變化，制度被創立、變更和破壞的方式。在本章中，我盡可能完整地將在第一篇中所提出，而在第二篇中用來探討經濟史的分析架構，歸納成一個制度變遷理論。

II

p.202　　制度是一系列被制定出來的規則、守法程序和行為的道德倫理規範，它們的目的在於約束追求自身福利，或效用極大化的個人行為。在政治或經濟制度中，福利或效用的極大化，是靠利用由專業化（包括暴力的專業化）產生的貿易利益而達到。該模式中的一個關鍵，是代理人與當事人之間的區別。簡而言之，代理人為當事人工作，或者，以簡生與麥克林（Jensen and Meckling）更為正式的術語來講，當事人「結交另一個人（代理人）來代表他們從事某些服務，其中包括授予一些決策權給代理人」（Jensen and Meckling，1976，頁308）。簡生與麥克林所考慮的是自願的關係；應該注意到，在我的架構中，這種關係可能是自願的，也可能是非自願的（例如做奴隸）。同樣的，強調另一點也很重要，即使在非自願關係中，由於當事人不能完全約束代理人的行為，代理人仍然有一些決策空間。大部分人們一方面作為受雇者扮演著代理人的角色，另一方面作為消費者而成為當事人。雖然社會科學家根據其他學理，也許不習慣按前文的定義將消費者看作是當事人，但是這種定義正符合新古典經濟學的核心精神——消費者主權（consumer sovereignty）。在此定義中，既不意指所有當事人的權力或影響是相同的，也不包含所有代理人都同樣「無力」的意義。這一定義的真正重點，是在雙方間的契約關係。①例如，它並不意味著領主和農奴是平等的；它的確指稱它們之間的交換關係是一種契

約關係，即使交換條件明顯有利於領主。有趣的問題在於，是什麼決定了領主有利條件的限度，以及這些條件是如何隨著時間而變化？

我將探討交換條件的決定因素；但是，首先必須界定出會導致限制的個人行為特徵，制度就是這些限制所構成的。我們援引經濟理論中個人極大化的假設來說明。極大化假設之下，不受任何限制的個人，在每一次的邊際選擇上都達到極大化；於是，人類組織得以產生的，乃是約束某些種類行為的限制。[2]若是沒有限制，我們將生存在霍布斯式的叢林中，也就不可能有文明。 p.203

行為限制包括禁忌、規則和戒律。某些限制是所有社會所共通的（即任何合作活動所需的某種起碼的行為形式），其他則是在不同的環境下，針對當事人利益而設。所謂環境，不僅是指第一章中所描述的現存資本存量，而且也包括

---

① 用這種契約論來建立制度理論，還有另外一個重要的優點，那就是契約通常都是用文字訂定，以致提供獲得一組觀察資料的可能性，而從這些資料中援引出來的可檢驗假說，對於有用的理論化是不可或缺的。其侷限則在於行為規範通常並不是書面契約的一部分。

② 在這一點的觀點，有別於一些產業組織及公共選擇文獻的論點。在那些文獻中，有一些個人在投機行為上「以狡詐追求極大化」，或者是有一些個人進行尋租（rent-seeking）。在我的模型中，這樣的個人只是與其他人受到不同的限制。這種區別是重要的，因為前者的方法雖指一些個人尋求極大化，而另外一些並不如此行事，但並沒有對不同行為提出一個邏輯一致的解釋。這兩種方法的不同在於，我把意識型態包括進來，當作行為的一項限制。

現存制度所界定之限制的存量（這是下面檢視制度變遷時進一步探討的主題）。儘管區分規則中的憲法、執行法和行為規範是有益的，實際上它們之間常常重疊。

憲法是根本的規則，旨在界定國家基本的財產權和政府的控制。憲法在設計上有意地要比執行法更難於修改。執行法不論是成文法、習慣法或自願性契約，都是在憲法規則架構之下界定交換條件。行為規則是配合憲法和執行法的行為準則。所以，一個封建社會的莊園習慣，就是一套憲法規則，同時也包括一些執行法令和行為規範的準則。

這些規則的設計，相對上要考慮守法成本。所以，現存的衡量技術、執行成本和行為的道德倫理規範，都被納入規則制訂的考慮中。

正在發展中的交易成本文獻裡，已出現一大堆術語，用來表明與人類經濟互動相關的成本。訊息成本、代理成本、偷懶卸責及投機活動的成本，都是重要的。另有一部分文獻強調由不確定性產生的成本、保險對風險的分散，以及反淘汰（adverse selection）與道德風險（moral hazard）的問題。守法的成本，包括檢查違反契約安排和施予懲罰的成本。檢查違法行為的成本發生在衡量之上，而且在當事人之間的交換中，衡量交換物品與勞務的特性，以及由不完全的衡量所導致的外部效果，兩者皆要花費成本。在當事人—代理人的關係中，有衡量代理人表現和由不完全的衡量帶來的無效率所造成的成本。施行適當懲罰的成本，包括那些評估損失金額的成本。

p.204

　　執行契約條款並施行懲處方法的，是當事人的代理人；且因為代理人不完全受當事人約束，執行成本也就與政治──法律結構及規則被認為的合法性有關。長期契約產生不確定性，因為長期契約涉及許多與契約條款有關的未來相對價格的未知數。為一個特定契約交換而做的投資，常遭受不完全的執行，並且容易引起投機主義行為。

　　投機主義意味著明顯地違反契約，因此由不完全的執行而產生成本。另一方面，因為在契約中對勞動產出很難獲致共同接受的衡量標準，因而會產生偷懶卸責的成本，衡量勞動產出的數量和品質，是代理問題的真正核心。它造成計件工資為何不被更廣泛採用的基本原因；它是雇傭關係衝突的核心；它同樣又是官僚問題的根本所在。沒有一個衡量表現成績的共同標準，能使契約雙方誠實遵守，或無需成本就能執行。

　　人情化的交換──重複交往和人際接觸──使得對正式規則和守法程序的需要達到極小，這是因為有互惠關係與一致的意識型態（見下文）約束了行為。當非人情的交換發生時，競爭在約束交換各方行為中，占有關鍵作用。階層組織讓競爭越被沖淡，就越需要正式的規則，以及考核成績的精緻措施。

　　行為的道德倫理規範，是構成制度約束中很重要的一部分。它們是得自於個人為了與環境抗衡，而發展的對現實的理解（意識型態）。意識型態不同於道德。雖然兩者都是環繞在認知世界的理解方法之上，並且都有節省訊息成本的作 p.205

用；不過，意識型態包括對制度特別是對交換關係的正義或公平的判斷。當同一個領域裡的個體具有類似的經驗，共識的意識型態就會形成；而不同的意識型態源於對現實認知的差異和矛盾。因此，共識的意識型態可以替代正式規則和守法程序。隨著各種不同的意識型態出現，對統治者來說，投資於說服其他當事人和代理人，讓他們相信制度的公平與合理，從而降低守法成本，是對他有利的。進一步來說，在共識的意識型態下，可行的制度隨著各種不同意識型態的出現，將不見得可行，因為制度必須顧及正式規則和守法程序，同時還要考慮偵察和懲罰的成本。憲法與相關之行為的道德倫理規範結合在一起，構成制度穩定的基礎，並使其變化緩慢。這一結合造成行為的內建型態，那就像資本存量一樣，往往只能逐步遞增而改變。

III

　　一個政治經濟體制，是由彼此間具有特殊關係的一套複雜制度所構成。憲法是這種體制最根本的組織限制，其目的是透過界定財產權與對強權控制的基礎結構，而使統治者的效用極大化。它們是為下述目標而建立的：(1)設立一種財富和所得分配的形式；(2)在政體競爭的環境下界定一種保護的體系；(3)為操作規則的系統設置一個架構，以減少經濟部門中的交易成本。

　　既存的軍事技術，是決定前兩個目標的重要條件因素，

因為這些特性決定國家內部和國家之間暴力潛能的分配。在　p.206
一國內部，軍事技術的特性與守法的成本（即能用於衡量表
現的技術和使規則合法化的成本），一起決定了統治者與人
民之間進行交換的基本條件（財產權結構）。在國家之間，
軍事技術加上代理成本，一起決定了國家規模的上限。然
而，意識型態在此也是重要的，無論是在一個既定的軍事技
術下輔佐暴力潛能，還是在減少代理成本方面都是如此。

　　統治者與人民之間的總交換條件，取決於當事人的機會
成本；統治者的淨條件是總條件減去官僚的代理成本。

　　儘管憲法奠定了基本的財產權，政府還是既提供仲裁與
執行規則的架構，又實施行為準則，以此降低政治結構中的
守法成本，以及經濟部門中的交易成本。

　　構成經濟組織的契約關係形式，因而基本上是由政府所
決定。它首先要考慮不同人民的不同機會成本（這將導致財
產權反映出人民團體的政治力量），其次要考慮統治者監督
經濟表現的成本。在這些條件限定下，政府將提供促進經濟
活動的公共財或基礎建設。在此架構之下發展出的自願組織
形式，是依據相對價格、技術存量，以及不同經濟組織的執
行成本。前兩個因素，構成第一章所描述新古典經濟學的傳
統生產理論，在這裡無庸贅言，唯獨要強調的是，決定專業
化利益（經由規模經濟）的技術存量，和選擇不同組織形式
的成本之間存在著衝突。專業化的利益越高，生產過程的步
驟就越多，而且交易成本也就越高。由市場取代階層組織，
來結合這些不同步驟的程度，取決於對衡量和執行成本的權

p.207 衡。既然由階層組織進行垂直整合，意味著以因素市場取代產品市場（這是廠商取代市場交易的重要結果），那麼一個關鍵的決定因素，就是組織因素市場特別是勞動市場的成本。非人情的因素市場創立，是實現專業化利益的重要步驟。政府推動土地和勞動市場發展的程度，依賴於上面所述的兩種限制。這種發展也可能增加潛在紛爭，從而威脅統治者的安全，正如在英國都鐸王朝時的圈地運動。

IV

在前一節，我探討了在某一特定時點構成政治經濟體制的制度橫切面。這裡我要用縱切面來探討該體制隨著時間的變遷。

在本章的開始，我就指出制度是過濾器，它不僅存在於個人與資本存量之間，而且存在於資本存量與經濟成就表現之間。它決定體制的產出及所得分配。作為過濾器，它們自然是保守的，因為它們提供社會穩定，並從而帶給當事人所得的安穩。時間的引入，對制度產生不穩定化的影響，這是因為當事人終有一死，而資本存量會發生變化。

當事人有其影響，這不僅是因為他們的技能和經營企業的能力有差別，而且還因為一個制度的合法性，至少部分會傳承到當事人身上。因此，不管一個繼承的規則怎樣仔細地設定，繼承者對其他當事人及對前任當事人的代理者談判時，所處的地位會與其前任有所不同。

　　資本存量的變化，首先是由於人口變化的結果。雖然我們有時發現，有一段時間人口會呈靜態平衡，但人口的變化曾經是資本存量變化最明顯的來源。雖然人口在長時期的型態一般是趨於上升，但亦有很長期間下降的情況。

　　其次，資本存量因知識的變化而變化。人類曾經增加純知識存量，也增加體現於技術進步與人的技能之中的應用知識存量。知識的增加不僅改變相對價格，而且因為它在歷史上大致不可逆轉，所以保證變化不會是單純循環的（下面將要討論這一主題）。 p.208

　　資本存量的變化，經由許多方式引起制度的變遷。相對價格的變化影響各當事人之間，以及當事人與代理人之間的談判地位。軍事技術的變化（實際上是相對價格的變化）影響國家的規模，和統治者對人民及對其他統治者的談判地位。進一步而言，個人對交換關係公正或不公正的看法，一旦有變化，意識型態就會發生變化；因此，規則的執行成本也會改變。

　　前述關於制度變遷來源非常籠統的討論指出，資本存量的變化越快，既存制度體系就越不穩定。在此架構中，隨著資本存量的迅速變化，革命較有可能發生。因為資本存量的變化提高人民的境遇，所以統治者相對於人民的力量嚴重地被削弱。

　　知識存量的累積，對政治和經濟制度的長期變遷起了潛移默化的作用——這是本書中歷史章節的主題。歷史上的兩次重大經濟革命，引發制度組織劇烈的長期變化。第一次經

濟革命的發生大約經歷了一萬年,而我們正生活在第二次經濟革命之中。

第一次經濟革命產生了國家,這個建立起經濟秩序所必需的政治約束,同樣也產生超越部落狩獵與採集單位基本需要之專業與分工的擴張。儘管職業分工顯著地擴大,分工的關係仍然具有人情化交換的特性,而且它的侷限是由技術存量的限制所決定。軍事技術的重大發展,導致國家規模增大(和隨之而來的地域分工和交換的成長)。軍事技術的要求,導致國家控制方式的改變,於是統治者在面對各國之間無孔不入的競爭之下,被迫改變財產權和政治特權,以求得一個可以維持的軍事秩序。隨著國家規模成長而來的,是代理成本增加,以及得以訂定規則與守法程序的制度創新,以便從較大的政治－經濟單位中獲取所得。

p.209

意識型態的差異,基本上是從與環境抗衡的團體所擁有的不同地域經驗中形成,並且演變在不同的語言、宗教、習俗和傳統之中;進而它們又構成國家內部和國家之間,除了財富與所得分配之外另一個造成長期衝突的基礎。

是知識存量的成長,使第二次經濟革命得以發生。軍事技術的變化是知識成長的先導,它改變國家的生存規模,並且引發為控制國家而起的鬥爭。最後在歐洲西北部興起一個政治結構,而創造出一套帶來經濟擴張的財產權。

第二次經濟革命所帶來的專業化利益,造就了二十世紀西方世界無與倫比的生活水準。在自願組織的規模和管理結構上經過設計後的劇烈改變,使得能在不提高相應的交易成

本之下獲取專業化利益。國家內部和國家之間的不穩定結果，則來自於新的職業和地域分工所構成的新環境中，各個不同團體之機會成本的改變。從職業分工中所形成的意識型態差異，強化了從民族（地域）差異中產生的各種不同意識型態。

　　在專業化的利益與成本之間長久存在的緊張關係，不僅是經濟史的結構與變遷的基本來源，而且也是現代政治與經濟成就的問題核心。本書試圖告訴我們，我們是如何從過去來到現在。它的論點如果有價值，那麼它還提供一個基礎，可以用來重新評估那些研究我們這個時代經濟成就的理論。我認為經濟史是關於限制條件演變的理論，它不僅應該解釋過去的經濟表現，也應該為現代的社會科學家提供研究構造演變的架構，讓我們能解釋現今政治經濟體系的成就表現。這一任務仍待繼續努力。

參考文獻

Alchian, A. 1950. "Uncertainty, Evolution and Economic Theory." *Journal of Political Economy*, LIX.

Alchian, A. and Demsetz, H. 1972. "Production, Information Costs and Economic Organization." *American Economic Review* (December).

Anderson, Perry 1974. *Passages from Antiquity to Feudalism*. London: New Left Books.

Anderson, Terry and Hill, Peter J. 1980. *The Birth of a Transfer Society*. Stanford: Hoover Press.

Badian, E. 1972. *Publicans and Sinners*. Cornell University Press. Ithaca.

Barro, Robert 1979. "Money and the Price Level Under the Gold Standard." *The Economic Journal* (March).

Barzel, Y. 1974. "A Theory of Rationing by Waiting." *Journal of Law and Economics* (April).

Barzel, Y. 1980. "Measurement Cost and the Organization of Markets." Unpublished manuscript.

Baumol, William 1952. *Welfare Economics and a Theory of the State*. Cambridge: Harvard University Press.

Bean, Richard 1973. "War and the Birth of the Nation State." *Journal of Economic History* (March).

Beard, Charles 1913. *An Economic Interpretation of the Constitution*. New York: Macmillan and Co.

Becker, Gary 1976. *The Economic Approach to Human Behavior*. Chicago: University of Chicago Press.

Becker, Gary and Stigler, George 1977. "De Gustibus Non Est Disputandum." *American Economic Review* (March).

Berger, Peter L. and Luckman, Thomas 1966. *The Social Construction of Reality*. Garden City: Doubleday and Co.

Bernardi, Aurelio "The Economic Problems of the Roman Empire at the Time of its Decline" in C. Cipolla *The Economic Decline of Empires*.

Binford, Lewis R. 1968. "Post-Pleistocene Adaptations" in Sally R. and Lewis R. Binford (eds.) *New Perspective in Archaeology*. Chicago: Aldine Press.

Bloch, Marc 1947. "Comment et Pourquoi Finit L'Esclavage Antique?" *Annales* ESC 2.

Boserup, Ester 1965. *The Condition of Agricultural Growth: The Economies of Agrarian Change Under Population Pressure*. Chicago: Aldine Press.

Boserup, Ester (forthcoming). *Population and Technological Change: A Study of Long Term Trends*. Chicago: University of Chicago Press.

Braidwood, Robert J. 1960. "The Agricultural Revolution." *Scientific American* Vol. 203.

Braidwood, Robert J. 1963. *Prehistoric Man*. Chicago: University Press.

Breton, Albert 1974. *The Economic Theory of Representative Government*. Chicago: Aldine Publishing Co.

Brunt, P. A. 1966. "The Roman Mob." *Past and Present* (December).

Buchanan, Allen 1979. "Revolutionary Motivation and Rationality." *Philosophy and Public Affairs* Vol. 9#1 (Fall).

Buchanan, James and Tullock, Gordon 1962. *The Calculus of Consent*. Ann Arbor: University of Michigan Press.

Buchanan, James 1975. "Comment on the Independent Judiciary in an Interest Group Perspective." *The Journal of Law and Economics* (December).

Cambridge Ancient History. 1923-1939, 1970-1977. Volumes II, IV, V, VIII, IX, and X. Cambridge University Press.

Cambridge Medieval History 1969. Vol. VIII. Cambridge: The University Press.

Carniero, Robert 1970. "A Theory of the Origin of the State." *Science*, Vol. 169:733-738 (August).

Cavalli-Sforza, L. L. 1974. "The Genetics of Human Population." *Scientific American* Vol. 231 #3.

Chandler, Alfred 1977. *The Visible Hand*. Cambridge, Mass.: The Belknap Press.

Cheung, Steven N. S. 1970. "The Structure of a Contract and Theory of a Non-Exclusive Resource." *Journal of Law and Economics XIII*.

Cheung, S. N. S. 1974. "A Theory of Price Control." *Journal of Law and Economics* (April).

Childe, V. Gordon 1951. *Man Makes Himself*. London: L. A. Watts Lld.

Cipolla, Carlo 1962. *The Economic History of World Population*. Middlesex: Penguin Books.

Cipolla, Carlo 1966. *Guns, Sails and Empires*. New York: Random House.

Cipolla, Carlo, ed. 1970. *The Economic Decline of Empires*. London:

Methuen.

Clark, J. M. 1923. *The Economics of Overhead Costs*. Chicago: University of Chicago Press.

Coale, Ansley 1974. "The Human Population." *Scientific American* Vol. 231 #3.

Coase, Ronald 1937. "The Nature of the Firm." *Economica* (November).

Commager, H. S., ed. 1948. *Documents of American History* 4th Ed. New York: Appleton, Century, Crofts.

Dahlman, Carl 1980. *The Open Field System and Beyond: A Property Rights Study of an Economic Institution*. Cambridge: The University Press.

David, Paul 1975. *Technical Choice, Innovation and Economic Growth*. Cambridge: Cambridge University Press.

Davis, Kingsley 1974. "The Migration of Human Population." *Scientific American* Vol. 231 #3.

Davis, Lance E. and North, Douglass C. 1971. *Institutional Change and American Economic Growth*. New York: Cambridge University Press.

Dean, Phyllis 1965. *The First Industrial Revolution*. Cambridge: Cambridge University Press.

Demsetz, H. 1967. "Toward a Theory of Property Rights." *American Economic Review* LVII.

Demsetz, Harold 1968. "Why Regulate Utilities." *Journal of Law and Economics*.

De Vries, Jan. 1976. *The Economy of Europe in an Age of Crisis: 1600-1750*. Cambridge: University Press.

Dickinson. G. Lowes 1958. *The Greek View of Life*. Ann Arbor: University of Michigan Press.

Downs, Anthony 1957. *An Economic Theory of Democracy*. New York: Harper and Row.

Duby, Georges 1974. *The Early Growth of the European Economy*. Ithaca: Cornell University Press.

Dumond, Don E. 1975. "The Limitation of Human Population: A Natural History." *Science* (February).

Ehrenberg, V. 1969. *The Greek State*. London: Methuen.

Eklund, Robert and Tollison, Robert 1980a. "A Rent Seeking Theory of French Mercantilism." Unpublished ms.

Eklund, Robert and Tollison, Robert 1980b. "Economic Regulation in Mercantile England: Hecksler Revisited." *Economic Enquiry*.

Elliot, J. H. 1967. Comment in Trevor Aston, ed. *Crisis in Europe*.

Engels, F., *The Condition of the Working Class in England*.

Fenoaltea, Stefano 1975a. "The Rise and Fall of a Theoretical Model: The Manorial System." *Journal of Economic History*.

Fenoaltea, Stefano 1975b. "Authority, Efficiency, and Agricultural Organizations in Medieval England and Beyond." *Journal of Economic History* (December).

Finley, Moses 1971. *The Ancient Economy*. Berkeley: University of California Press.

Flannery, Kent 1968. "Archaeological Systems Theory and Early Mesoamerica" in B. J. Meggers, ed. *Anthropological Archaeology in the Americas*. Anthropological Society of Washington.

Flannery, Kent 1969. "The Origins and Ecological Effects of Early Domestication in Iran and the Near East" in P. S. Veko and G. W.

Dimbley, eds. *The Domestication of Plants and Animals*. Chicago: Aldine Press.

Floyd, John 1969. "Preferences, Institutions and the Theory of Economic Growth." Discussion paper. University of Washington.

Forkes, R. J. 1955. *Studies in Ancient Technology* (Vol. III). Leiden: E. J. Brill.

Forrest, W. G. 1966. *The Emergence of Greek Democracy*. London: Weiderfeld and Nicolson.

Friedman, David 1977. "A Theory of the Size and Shape of Nations." *Journal of Political Economy* (February).

Geertz, Clifford 1973. "Ideology as a Cultural System" in C. Geertz *The Interpretation of Cultures*. New York: Basic Books.

Georgescu-Roegen, N. 1969. "The Institutional Aspects of Peasant Communities: An Analytical View" in C. R. Wharton Jr., ed. *Subsistence Agriculture and Economic Development*. Chicago: Aldine Press.

Gibbon, Edward 1946. *The Decline and Fall of the Roman Empire*, edited by J. B. Bury. New York: The Heritage Press, 3 Vols.

Goldberg, Victor 1976. "Regulation and Administered Contracts." *The Bell Journal* (Autumn).

Gordon, Howard Scott 1954. "The Economic Theory of a Common Pool Resource: The Fishery." *Journal of Political Economy* LXII.

Gunderson, Gerald 1976. "Economic Change and the Demise of the Roman Empire." *Explorations in Economic History*, Vol. 13.

Gunderson, Gerald. "Economic Behavior in the Ancient World." Unpublished ms.

Hall, Chris 1980. "The Predatory State: A Theory of Scattered Strips Agriculture." Unpublished ms. The University of Washington.

Hamilton, Alexander; Jay, John, and Madison, James. 1937. *The Federalist A Commentary on the Constitution of the United States*. New York: The Modern Library.

Harlan, Jack R. and Zahary, Daniel 1966. "Distribution of Wild Wheat and Barley." *Science* CLIII.

Hartwell, R. M. 1971. *The Industrial Revolution and Economic Growth*. London: Methuen.

Hayek, F. A. 1937. "Economics and Knowledge." *Economica* (February).

Hayek, F. A. 1945. "The Use of Knowledge in Society." *American Economic Review* (September).

Hecksher, Eli 1955. *Mercantilism* rev. ed. edited by E. F. Soderlund. Allen and Unwin.

Hicks, John D. 1961. *The Populist Revolt*. Lincoln: University of Nebraska Press.

Hicks, J. R. 1969. *A Theory of Economic History*. Oxford University Press.

Hirschman, A. 1970. *Exit, Voice and Loyalty*. Cambridge: Harvard University Press.

Historical Statistics of the United States 1975. Washington, D. C.: U.S. Government Printing Office.

Hobsbawn, Eric 1967. "The Crisis of the Seventeenth Century" in Trevor Aston, ed. *Crisis in Europe*. New York: Doubleday and Co.

Hodges, Henry 1970. *Technology* in the Ancient World. Middlesex: Penguin Press.

Horwitz, M. J. 1977. *The Transformation of American Law 1780-1860*.

Cambridge: Harvard University Press.

Hughes, J. R. T. 1977. *The Governmental Habit*. New York: Basic Books.

Hurst, Willard 1956. *Law and the Condition of Freedom in the Nineteenth Century*. Madison: University of Wisconsin Press.

Isaac, Erich 1970. *Geography of Domestication*. Englewood Cliffs: Prentice Hall.

International Encyclopedia of the Social Sciences 1968. New York: Macmillan.

Jensen, M. and Meckling, W. 1976. "Theory of the Firm: Managerial Behavior, Agency Costs and Ownership Structure." *Journal of Financial Economics* (October).

Jones, A. H. M. 1966. *The Decline of the Ancient World*. London: Longman Green.

Kahan, Arcadius 1973. "Notes on Serfdom in Western and Eastern Europe." *Journal of Economic History* (March).

Kau, James B. and Rubin, Paul 1979. "Self Interest, Ideology, and Log Rolling." *The Journal of Law and Economics* (October).

Keller, Morton 1977. *The Affairs of State*. Cambridge: The Belknap Press.

Klein, B., Crawford, R. C., and Alchian, A. 1978. "Vertical Integration, Appropriable Rents, and the Competitive Contracting Process." *Journal of Law and Economics* (October).

Kolko, Gabriel 1963. *The Triumph of Conservatism*. Glencoe: The Free Press.

Kuhn, T. S. 1962. *The Structure of Scientific Revolutions*. Chicago: University of Chicago Press.

Kula, Witold 1976. *An Economic Theory of the Feudal System*. London:

New Left Books.

Ladurie, Emmanuel LeRoi 1979. *The Territory of the Historian.* Chicago: University of Chicago Press.

Landes, Wiliam and Posner, Richard 1974. "The Independent Judiciary in an Interest Group Perspective." *The Journal of Law and Economics* (December).

Latane, Bibb; Silliams, Kipling, and Harkinds, Stephen 1979. "Social Loafing." *Psychology Today* (October).

Lee, Ronald 1978. "Model of Preindustrial Dynamics with Applications to England," Tilly, ed.

Machlup, Fritz 1958. *An Economic Review of the Patent System.* Washington D.C.: U.S. Government Printing Office.

Marglin, Stephen 1974. "What Do Bosses Do?" *Review of Radical Political Economy* (Summer).

Martin, Paul and Wright, N. E., eds. 1967. *Pleistocene Extinctions.* New Haven: Yale University Press.

Mathias, Peter 1969. *The First Industrial Nation.* New York: Charles Scribner and Sons.

McAvoy, P. W. 1965. *The Economic Effects of Regulation, The Trunk Line Railroad Cortels and the Interstate Commerce Commission Before 1900.* Cambridge: M.I.T. Press.

McCloskey, Don 1976. "English Open Fields as a Behavior Towards Risk" in P. Uselding, ed. *Research in Economic History* Vol. I.

McManus, John 1972. "An Economic Analysis of Indian Behavior in the North American Fur Trade." *Journal of Economic History* XXXII.

McManus, John 1975. "The Costs of Alternative Economic Organization."

Canadian Journal of Economics (August).

McNeill, William 1976. *Plagues and People*. New York: Doubleday.

Meed, Ronald, ed. 1953. *Marx and Engels on Malthus*. London: Laurence and Wishart.

Miller, George H. 1971. *Railroads and the Granger Laws*. Madison: University of Wisconsin Press.

Millward, Robert (forthcoming). "The Emergence of Wage Labour in Early Modern Europe: Exploration of an Analytical Framework." *Explorations in Economic History*.

Musson. A. E., ed. 1972. Science, *Technology and Economic Growth in the 18th Century*. London: Macmillan and Co.

National Bureau of Economic Research 1972. *Economic Growth*. New York: Columbia University Press.

Nef, John U. 1957. *Industry and Government in France and England 1540-1640*. Cornell University Press.

Nelson, R.; Peck, M. and Kolachek, E. 1967. *Technology, Economic Growth and Public Policy*. Washington, D.C.: The Brookings Institution.

Niskanen, W. 1971. *Bureaucracy and Representative Government*. Chicago: Aldine Publishing Co.

North, Douglass C. 1953. "Entrepreneurial Policy and Internal Organization in the Large Life Insurance Companies at the Time of the Armstrong Investigation of 1905-6." *Explorations in Entrepreneurial History* (Spring).

North, Douglass C. 1968. "Sources of Productivity Change in Ocean Shipping." *Journal of Political Economy*.

North, Douglass C. 1977. "Non-Market Forms of Economic Organization: The Challenge of Karl Polanyi." *Journal of European Economic History* (Fall).

North, Douglass C. 1978. "Structure and Performance: The Task of Economic History." *Journal of Economic Literature* (September).

North, Douglass C. and Thomas, Robert 1971. "The Rise and Fall of the Manorial System: A Theoretical Model." *Journal of Economic History* (December).

North, Douglass C. and Thomas, Robert 1973. *The Rise of the Western World: A New Economic History*. Cambridge: The University Press.

North, Douglass C. and Thomas, Robert 1977. "The First Economic Revolution." *Economic History Review* (May).

Olson, Mancur 1965. *The Logic of Collective Action*. Cambridge: Harvard University Press.

Parsons, Talcott 1937. *The Structure of Social Action*. New York: McGraw-Hill.

Perrot, Jean 1966. "Le Gisement Natufied de Mallaha (Exam), Israel." *L'Anthropologie* LXX.

Pirenne, H. 1939. *Mohammed and Charlemagne*. London: Allen and Unwin.

Polanyi, Karl 1957. *The Great Transformation*. New York: Rineholt.

Polanyi, Karl 1977. *The Livelyhood of Man*. New York: Academic Press.

Postan, M. M. 1972. *The Medieval Economy and Society*. London: Weidenfeld and Nicolson.

Previtt-Orton, C. W. 1966. *The Shorter Cambridge Medieval History* 2 Vol. Cambridge: The University Press.

Renfrew, Colin 1972. *The Emergence of Civilization*. London: Methuen.

Rimlinger, Gaston 1960. "The Legitimization of Protest: A Comparative Study in Labor History." *Comparative Studies in Society and History* (April).

Ringrose, David 1973. Comment on "War and the Birth of the Nation State." *Journal of Economic History* (March).

Roehl, Richard 1973. Comment on "War and the Birth of the Nation State." *Journal of Economic History* (March).

Rosenberg, Nathan 1972. *Technology and American Economic Growth*. New York: Harper and Row.

Rosenberg, Nathan 1974. "Karl Marx and the Economic Role of Science." *Journal of Political Economy* (July/August).

Rosenberg, Nathan 1976. *Perspectives on Technology*. Cambridge: Cambridge University Press.

Rostovtzeff, M. 1926. *The Social and Economic History of the Roman Empire*. Oxford.

Rostovtzeff, M. 1941. *The Social and Economic History of the Hellenistic World* Vol. I. Oxford: Clarendon Press.

Roth, Cecil 1954. *History of the Jews*. New York: Schockin press.

Samuelson, Paul 1978. "The Canonical Classical Model of Political Economy." *Journal of Economic Literature* (December).

Scheiber, Harry 1972. "The Road to Munn: Eminent Domain and the Concept of Public Purpose in the State Courts," in Flemming and Baily, eds. *Law in American History*.

Schmoockler, Jacob 1957. "Inventors Past and Present." *Review of Economic and Statistics* (August).

Schumpeter, Joseph 1949. "Science and Ideology." *American Economic Review* (March).

Schwarzman, Maurice 1951. "Background Factors in Spanish Economic Decline." *Explorations in Entrepreneurial History* (April).

Smith, Vernon 1975. "The Economics of the Primitive Hunter Culture, Pleistocene Extinctions, and the Rise of Agriculture." *Journal of Political Economy* (August).

Starr, Chester 1977. *The Economic and Social Growth of Early Greece*. Oxford: University Press.

Stigler, George 1961. "The Economics of Information." *Journal of Political Economy* (June).

Struever, Stuart, ed. 1971. *Prehistoric Agriculture*. Garden City: Natural History Press.

Tilly, Charles 1969. *From Mobilization to Revolution*. Reading: Addison and Wesley.

Tilly, Charles, ed. 1978. *Historical Studies of Changing Fertility*. Princeton: Princeton University Press.

Tilly, Charles; Tilly, Louise and Tilly, Richard 1975. *The Rebellious Century*. Cambridge: Harvard University Press.

Trevor-Roper, H. 1967. "The General Crisis of the Seventeenth Century," in Trevor Aston, ed. *Crisis in Europe*.

Ulen, Thomas 1980. "The Market for Regulation: The I.C.C. From 1887-1920." *American Economic Review* (May).

Umbeck, John (forthcoming). *A Theoretical and Empirical Investigation into the Formation of Property Rights*. University of Iowa Press.

Vives, Vincent 1969. *An Economic History of Spain*. Princeton: Princeton

University Press.

Walton, Gary 1971. "The New Economic History and the Navigation Acts." *Economic History Review* (October).

Weber, Max 1976. *The Agrarian Sociology of Ancient Civilization.* London: NLB. Translated by R. I. Frank.

White, Lynn 1962. *Medieval Technology and Social Change.* Oxford: The University Press.

Williamson, Oliver 1975. *Markets and Hierarchy.* New York: Free Press.

Wittforgel, Karl 1957. *Oriental Despotism: A Comparative Study of Total Power.* New Haven: Yale University Press.

Young, Allyn 1928. "Increasing Returns and Economic Progress." *Economic Journal* (December).

索引

（各個詞彙後的數字，表示其出現在原書的頁碼）

現代名著譯叢
經濟史的結構與變遷

2016年12月初版　　　　　　　　　　　　　　　　定價：新臺幣390元
2020年10月初版第二刷
有著作權・翻印必究
Printed in Taiwan.

著　　者	Douglass Cecil North	
譯 注 者	劉　　瑞	華
叢書主編	鄒　　恆	月
叢書編輯	王　　盈	婷
封面設計	萬　　勝	安

出　版　者	聯 經 出 版 事 業 股 份 有 限 公 司	副總編輯	陳　　逸	華
地　　　址	新北市汐止區大同路一段369號1樓	總 編 輯	涂　　豐	恩
叢書編輯電話	(02)86925588轉5305	總 經 理	陳　　芝	宇
台北聯經書房	台 北 市 新 生 南 路 三 段 9 4 號	社　　長	羅　　國	俊
電　　　話	(0 2) 2 3 6 2 0 3 0 8	發 行 人	林　　載	爵
台 中 分 公 司	台 中 市 北 區 崇 德 路 一 段 1 9 8 號			
暨 門 市 電 話	(0 4) 2 2 3 1 2 0 2 3			
台 中 電 子 信 箱	e-mail：linking2@ms42.hinet.net			
郵 政 劃 撥 帳 戶	第 0 1 0 0 5 5 9 - 3 號			
郵 撥 電 話	(0 2) 2 3 6 2 0 3 0 8			
印　刷　者	世 和 印 製 企 業 有 限 公 司			
總　經　銷	聯 合 發 行 股 份 有 限 公 司			
發　行　所	新北市新店區寶橋路235巷6弄6號2樓			
電　　　話	(0 2) 2 9 1 7 8 0 2 2			

行政院新聞局出版事業登記證局版臺業字第0130號

國家圖書館出版品預行編目資料

經濟史的結構與變遷/ Douglass Cecil North著.
劉瑞華譯注.初版.新北市.聯經.2016年12月（民
105年）.336面.14.8×21公分（現代名著譯叢）
譯自：Structure and change in economic history
ISBN　978-957-08-4843-4（平裝）
[2020年10月初版第二刷]

1.經濟史

550.9　　　　　　　　　　　　　　105022058